CAOZHIGAOSUIMENGLISHIZILIAOSHOUCANG

绥远抗战

IECONGSHU SUIYUANKANGZHAN

曹志高 编著

内蒙古出版集团
内蒙古人民出版社

序 一

山河记忆 仰望前行

曹志高先生将出版《绥远抗战》，邀我作序。我与曹志高先生相识于奋斗中学建校70周年纪念活动。奋斗中学是时任绥远省主席傅作义先生在烽火连天的抗战岁月中创建的一所学校，最初座落在绥远省临时行署、第八战区副长官司令部所在地—绥西陕坝（今属巴彦淖尔市杭锦后旗），而这正是曹志高的家乡。我们的话题自然离不开绥远历史、离不开绥远抗战。一番交谈，曹志高对家乡的热爱溢于言表，他的朴实、专注以及丰富的绥远历史知识，给我留下深刻的印象。之后又有机会见到曹志高所收藏的“绥蒙历史文献资料”原件，其数量之众多、品种之全面、涉面之广泛以及史料价值之珍贵，使我由衷地感动。这位农民之子，历经20余年，甘于清贫、不求名利，孜孜不倦收藏家乡不能忘却的历史，从中体悟人生的意义，从中享受生活的快乐，其行可贵，其品可鉴。

如今，拥有丰富藏品的曹志高先生，完成了对绥远抗战历史缜密的研究工作。那段历史从儿时便渗透在他的骨髓和血液里，难以释怀。《绥远抗战》是一部弥足珍贵的史料，浸透着曹志高先生对家乡的真挚情感，对那段历史的格外珍视，凝聚着他20余年来收集珍藏的心血。《绥远抗战》一书，通过曹志高的藏品，把已经尘封的故事、逝去的硝烟、爱国将士可歌可泣的英勇事迹，一一展示，娓娓道来。

绥远属漠南蒙古的一部分，因清代设有绥远驻军驻守此地，故名绥远。主要地域在今内蒙古中西部，当时人口200万左右。1928年建省，1954年并入内蒙古自治区。

在抗击日本军国主义的侵华战争中，绥远军民同仇敌忾，浴血奋战，早在1933年就参加了保卫北平的长城抗战；绥远抗战掀起后，取得了一次又一次的胜利。著名的战役有红格尔图战役、百灵庙战役、包头战役、绥西战役和五原战役等。这些战役沉重打击了日军的嚣张气焰，打破了“皇军不可战胜”的神话，粉碎了日本军国主义侵吞绥远进而一路西侵的阴谋；牵制了晋察冀大批日军南下，缓解了南方抗战的压力；激发了全国人民空前的抗战热情；诱发了“西安事变”。绥远抗战还在一定程度上牵制了日军进攻苏联的北进战略。

绥远抗战是爱国主义精神的典范。在捍卫国家领土，争取民族独立的那些战役中，我国军队“誓保国土，以尽责任，决心牺牲，以雪耻辱”，敢打敢拼，奋勇杀敌，无数仁人志士为国捐躯。在每次战役中傅作义、马占山、董其武等指挥官，精心谋划、严密组织，甚至亲临一线参战指挥，成为载誉史册的民族英雄。

绥远抗战是抗日民族统一战线的伟大实践。抗日战争中，中国共产党巩固和壮大最广泛的爱国统一战线，把一切可能争取的力量团结在自己的周围，最大限度地孤立敌人。中国共产党领导的大青山抗日游击队组织参加了抗日一线战斗。毛泽东、朱德称绥远抗战为“中国人民抗战之先声”。聂荣臻元帅说：“为民族独立而英勇殉国的国民党爱国将士与在抗战期间为抗击日本侵略军而壮烈牺牲的无数共产党人、我军将士和人民群众一样，将永远受人民的崇敬和怀念。”

“如果丧失对历史的记忆，我们的心灵就会在黑暗中迷失”。留住这片土地上正在被遗忘的抗战记忆，定格那些承载记忆的名字和面容，整理散落在民间的抗战遗存，铭记“山河记忆”，是我们这一代人应该承载的责任和义务。《绥远抗战》一书的出版发行，为了解和研究中国抗日战争史提供了有力的资料佐证。作者以实地、实物图片、文字叙述的形式向人们展示了绥远抗战各大战役惊心动魄的历史片段，绥远军民血泪铸就的民族大义。捧着厚重的一本书，仿佛那场战争仍在眼前，爱国将士们正在拼命厮杀……

在纪念抗日战争胜利70周年之际，《绥远抗战》一书的出版令人欣慰、意义重大。对于那些血战沙场保家卫国的民族英雄，对于那些用生命和青春为我们换来太平安乐的勇士们，至少是一种无上的缅怀和至诚的慰藉。先烈们的鲜血洒在这片他们无限眷恋、热爱的土地上，他们的生命虽然消失了，然而他们用血肉之躯创造的这段历史却已成为这方水土永远不可割断的集体记忆和文化根底，并集聚成为越来越强烈的、巨大的、沉默的、绵延不绝的力量，激励着我们和我们的子子孙孙生生不息，仰望前行！

让我们永远记住他们，记住这一段沉重的历史，记住日本侵略者在华犯下的滔天罪行，热爱祖国，热爱和平，珍惜今天来之不易的幸福生活。

参加绥远抗战的民族英雄们永垂不朽！

董恒宇

2015年5月

（作者系全国政协委员、内蒙古自治区政协副主席、民盟内蒙古自治区主委、内蒙古社会主义学院院长）

序 二

曹志高先生给我带来《绥远抗战》样稿，看后十分感动。《绥远抗战》展示了艰苦年代、艰难环境、坚毅军民可歌可泣浴血抗战的英勇画卷。我的先祖曾在绥远地区同当地各族人民一起并肩奋战，抵抗日本侵略者的入侵，捍卫国家主权的完整，民族的独立，并响应中国共产党领导的抗日民族统一战线的正确方针；同时，在救国中不忘建设，与当地各族人民一起发展农业、治理水利、兴办教育。2011年，我有幸参加内蒙古政协组织的、由全国政协常委、自治区政协副主席董恒宇带队的调研团第一次回到这里。

我回来的第一印象就是物产丰富、衣食无忧。通过当地领导的介绍，并参加实地调查和研讨，我深切理解了如此丰饶的物产来自于脚下的土地，但更是源自于河套人民一代代实践者实干和勇于拓荒的精神。正是在这种精神力量的感召下，这片土地才变成了沃野千里、渠网纵横的“塞上江南”。

我万分期望《绥远抗战》能成为一份研究绥远抗战史的基础性资料，同时也希望《绥远抗战》能成为反对战争、宣传和平，珍视国家富强、民族团结的又一重要载体，为“两个一百年”和实现中华民族伟大复兴的中国梦凝聚人心。

傅川

2015年5月

（作者系全国政协委员、中科院计算机专家、著名爱国将领傅作义将军嫡孙）

概 述

绥远地处内蒙古西部，北通蒙古，南临陕晋，东接京津，西连宁甘至新疆，属军事要地。绥远历史悠久，战国时属赵国，秦立郡县，汉分定襄、云中、五原、朔方四郡，隋设定襄郡，唐设大都护府，元代属大同路。明嘉靖年间，阿拉坦汗修筑丰州城（在今呼和浩特市西南约 69 公里），称为土默特。

清初改盟旗制将土默特旗分为左右两翼共六十佐，雍正元年（1723 年）在土默特设立了归化厅（今呼和浩特市），雍正十一年（1733 年）又设立了萨拉齐厅（今土默特右旗），乾隆元年（1736 年）设置清水河厅（今清水河县）、托克托厅、和林格尔厅，乾隆十五年（1750 年）在山西右玉县的杀虎口外蒿儿兔村（今凉城肥永兴乡）设置宁远厅（今凉城县），在大同县得胜口外的衙门口村（今丰镇市城关镇）设置了丰镇厅。光绪二十九年（1903 年），清廷在丰镇厅的东部另设了兴和厅，在宁远厅的北部另设了陶林厅（今乌兰察布市察右中旗），在归化厅的北部又设立了武川厅，在达拉特旗的报垦地设立了五原厅，光绪三十二年（1906 年）又在郡王旗（鄂尔多斯市伊金霍洛旗）的报垦地设立东胜厅。这五厅与上述七厅号称口外十二厅，归山西归绥道管辖。

民国成立后，将十二厅改为县，设县知事以治理县，连同乌兰察布盟及伊克昭盟，划为绥远特别区域。民国三年（1914 年），将察哈尔右翼四旗的丰镇、凉城、兴和、陶林县四县划回，设绥远道。民国六年（1917 年）设固阳设治局，后升为固阳县。民国十年（1921年）10月，丰镇、凉城、兴和三县部分地区成立集宁设治局。民国十二年（1923年）4月，设立包头设治局，由乌拉特三公旗，地亩局兼管包头，民国十五年（1926年）1月成立包头县。民国十四年（1925年）正式成立大佘太设治局和临河设治局。民国十七年（1928年），绥远正式建省，全省面积约33万平方公里，划为16县，两役置局，19旗，人口近200万。民国十八年（1929年）10月临河设治局改为临河县。民国二十一年（1932年）大佘太设治局改为安北设治局，后在民国三十一年（1942年）改为安北县（今乌拉特前旗境内）。民国二十九年（1930年）8月，绥远省在鄂托克旗的报垦地陶乐湖滩增设沃野设治局。抗战期间的1942年，绥远省主席傅作义在河套地区另设晏江县（今五原县境内），米仓县（今杭锦后旗），陕坝市（今杭锦后旗陕坝镇），另将达拉特旗、杭锦旗划出一部分成立狼山县。

早在“九·一八”事变前，日本就派遣特务在绥远地区开始了间谍活动。“九·一八”事变后，日军占领了东北四省（辽宁、吉林、黑龙江、热河）后，便提出了侵占察哈尔、绥远的计划。主张“欲征服支那，必先征服满蒙。”从1933年秋到1935年，日本策动德穆楚克栋鲁普（德王）搞“蒙旗高度自治运动”，并在百灵庙成立了“蒙政会”，开始了侵占察、绥、蒙古的实际行动。1936年11月，日本指使伪西北防共自治军进犯绥东红格尔图，傅作义部驻军奋起反击，给予敌人沉重打击。1936年11月，日本指使伪蒙古军德王、李守信部进犯百灵庙，傅作义将军率部英勇抗击，收复百灵庙。战争的胜利极大地鼓舞了全国人民的抗日热情，各地各界纷纷致电祝贺声援。毛泽东、朱德代表中国共产党电贺绥远抗战的胜利，称之为“中国人民抗战之先声”。绥远抗战具有重要的军事意义和政治意义，成为中华民族史上的重要转折点，史迹昭垂，万世不磨。

1939年12月至1940年3月，傅作义将军率部发动包头战役、绥西战役和五原战役，均取得了重大胜利，沉重地打击了日本侵略者的气焰，牵制了晋北、察南及华北地区日本军南下，缓解了南方抗战压力。

绥远抗战，粉碎了日军通过绥远而入侵西北的阴谋，打击了日军的嚣张气焰，激发了全国人民的抗日热情，坚定了抗日必胜的信心，写下了中国人民抗日战争史上光辉的一页。

绥远抗战

目 录

局部抗战时期的绥远抗战

GAOZHIGAOSHUSHENGXILIEZHIZILIAOSHOUCANGXILIECONGSHUSUIYUANKANGZHAN

局部抗战时期的绥远

一、日本侵略绥远的阴谋活动

在“九·一八事变”前，日本就在察哈尔、绥远等地安排了特务活动。“九·一八事变”爆发，日本占领了东北四省（辽宁、吉林、黑龙江、热河）后，便制定了侵略察、绥的计划。

首先争取促使“内蒙”各旗王公宣布独立，脱离当时的中国政府成立“大元帝国”，伪满州国与日本政府则以友邦的资格援助，立即承认伪组织。若不能实现时，日本也可以金钱及军火资助，促成所谓的自治运动，名义上不脱离国民政府，实际上独立。

根据上述计划，日本在1933年秋到1935年，策动德穆楚克栋鲁普（德王）提出并进行“蒙旗高度自治运动”，在百灵庙成立“蒙政会”，开始了侵略察、绥的实际活动。

二、扶植傀儡武装

1934年春，日本扶值德王、李守信、包悦卿等成立“蒙古军政府”和“蒙古军总司令部”，以德王为总司令，李守信为副司令，组织伪蒙古军。伪蒙古军由李守信兼任第一军长，德王兼任第二军军长。又收买王英、张万庆、金宪章、石玉山、葛子厚、安华亭、王子修等组成伪“西北蒙汉防共自治军”及“大汉义军”，王英为总司令，张万庆、雷中田为副司令。又在察北建立军事学校，派遣日军为教官，当时在伪蒙古军及伪“大汉义军”中有很多日本人担任军事指挥官。日本人令德王驻嘉卜寺（化德），李守信部驻张北及庙滩，王英部驻尚义、商都，伪蒙七师穆克登宝部驻百灵庙，并抽调热河伪满骑兵五千人驻察北多伦、沽源一带。日本企图部署此三方力量，达到侵占绥远的目的。

三、傅作义将军抗战的决心

傅作义（1895~1974年）字宜生，山西荣河（今山西万荣县）人，保定军校毕业。1927年，傅作义与奉军在涿州战役中以守卫百日奉军不克而一举成名。1931年，“九·一八事变”发生，时任绥远省主席兼35军军长的傅作义与宋哲元等50余名北方将领，于9月28日联名通电，呼呈“全国各方团结一致，同舟共济，群策群力，共同奋斗”，表示“愿为抗日救国，捐躯靡踵”。同时对所部加紧抗日动员，每天早晚训练官兵，齐声高呼“誓保国土，以尽责任，不惜牺牲，以雪耻辱”。为纪念“九·一八事变”死难者，傅作义将军决定在归绥市建“九·一八”纪念堂。纪念堂于1934年建成，1944年被日寇彻底毁坏。“九·一八”纪念堂的建成，极大地鼓舞了绥远各族群众的抗日热情及斗志，在全国抗日救亡运动中有着独特而重要的历史地位。

绥远各界筹备正在建筑中的"绥远省九·一八纪念堂"（民国23年（1934年）11月5日《申报》图画特刊第67期）

绥远省九·一八纪念堂

偶然于藏友处看到“绥远省九·一八纪念堂”原图纸11幅，我毫不犹豫倾囊购得。

经多方考证，“绥远省九·一八纪念堂”为中国人民抗日战争史上建成的第一个纪念馆。1931年9月18日，日本侵略军发动“九·一八事变”，侵占了我国东北地区，全国掀起了抗日救国高潮。时任绥远省主席的爱国将领傅作义将军，决定在归绥市（今呼和浩特市）建造“九·一八纪念堂”，地址选在归绥市新、旧城之间中山路西段，并于中华民国23年（1934年）1月，请山西太原市工程师刘恩华绘制了11幅纪念堂图纸。纪念堂于1934年建成后，极大地鼓舞了全国人民抗日救亡的激情和斗志。

1937年1月，上海左联组织吕骥、雷洁琼、张瑞芳、崔巍、陈强、陈波儿、袁牧之、刘良模等文艺界人士，来绥宣传抗日，慰问抗日军民在“九·一八纪念堂”举办慰问演出。

1937年10月，日本侵略军占领绥远，将纪念堂改为“公共会堂”并不断进行破坏；1944年纪念堂被彻底毁坏。

1949年9月19日，绥远省和平解放。归绥市总工会在“九·一八纪念堂”原有的基础上建成了第一代工人文化宫。

2012年9月16日，新华社报道了“内蒙古发现绥远省九·一八纪念堂原图纸”，国内外媒体纷纷转载。

“绥远省九·一八纪念堂”在全国抗日救亡运动中有着独特而重要的历史地位。

绥远省九·一八纪念堂图纸一

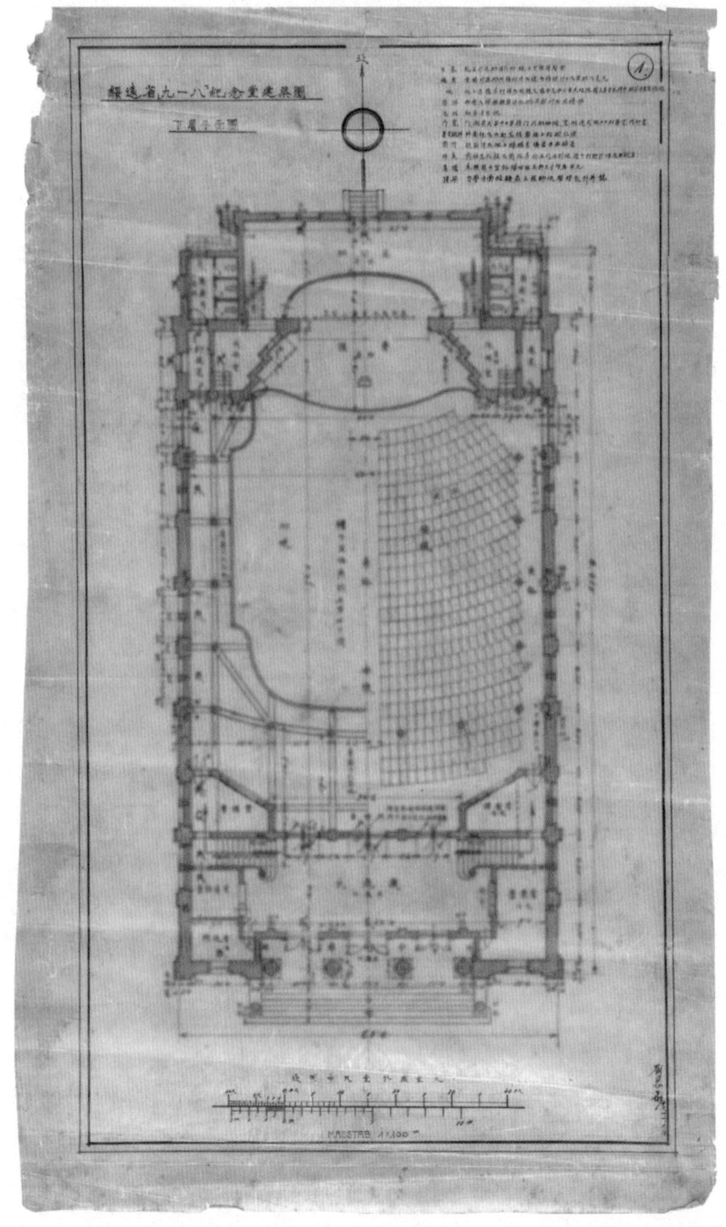

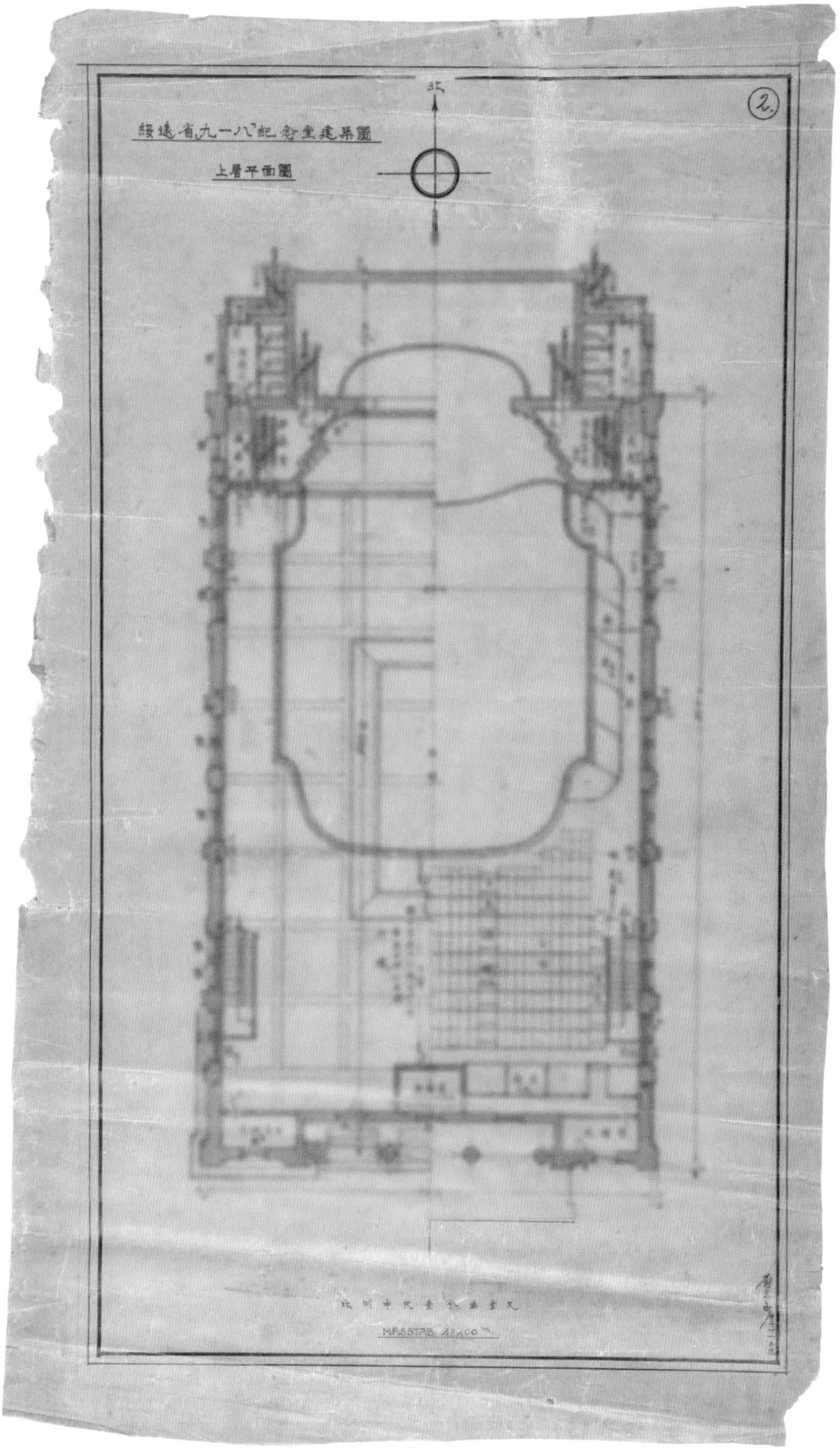

绥远省九·一八纪念堂图纸二

北

②

綏遠省九一八紀念堂建築圖

上層平面圖

MASSTAB 1:100 m.

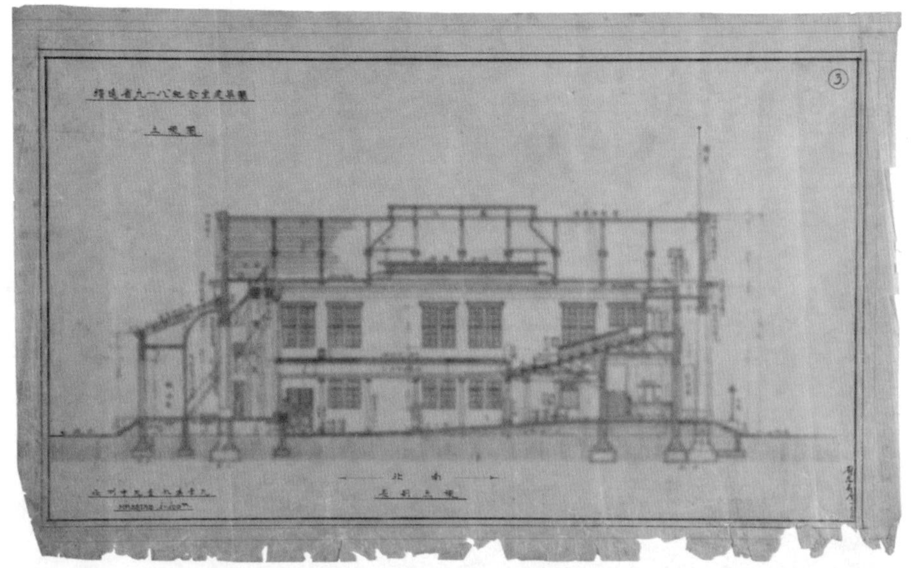

绥远省九·一八纪念堂图纸三

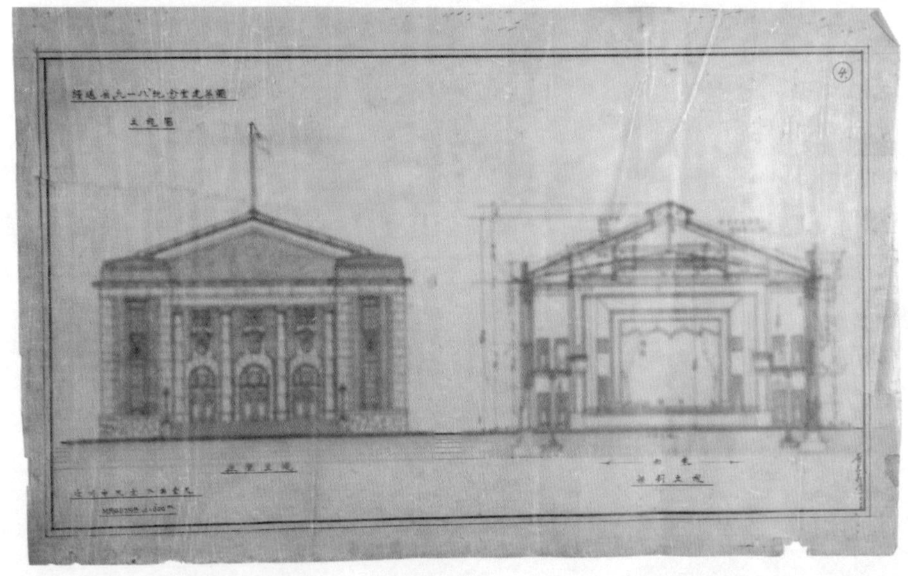

绥远省九·一八纪念堂图纸四

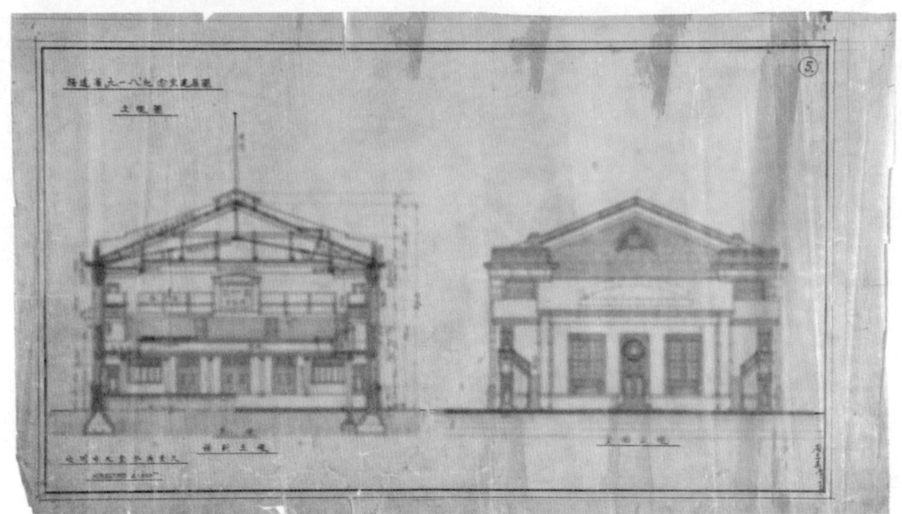

绥远省九·一八纪念堂图纸五

绥远省九·一八纪念堂图纸六

绥远省九·一八纪念堂图纸七

绥远省九·一八纪念堂图纸八

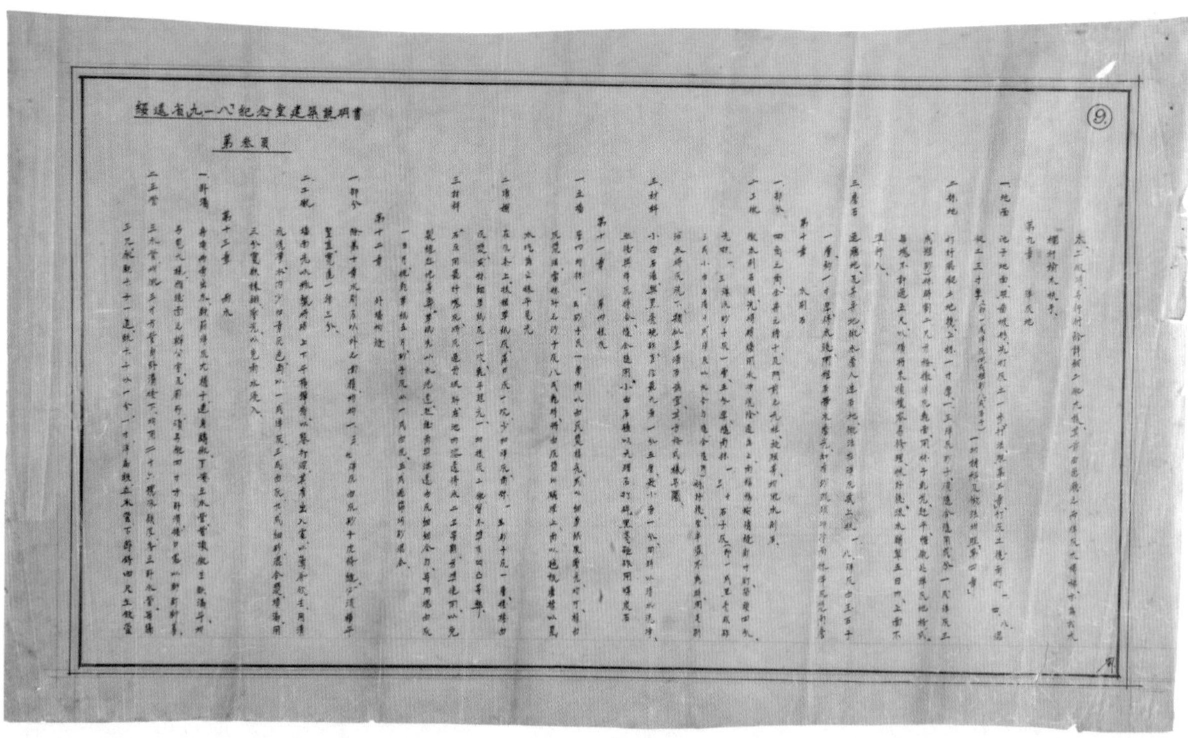

绥远省九·一八纪念堂图纸九

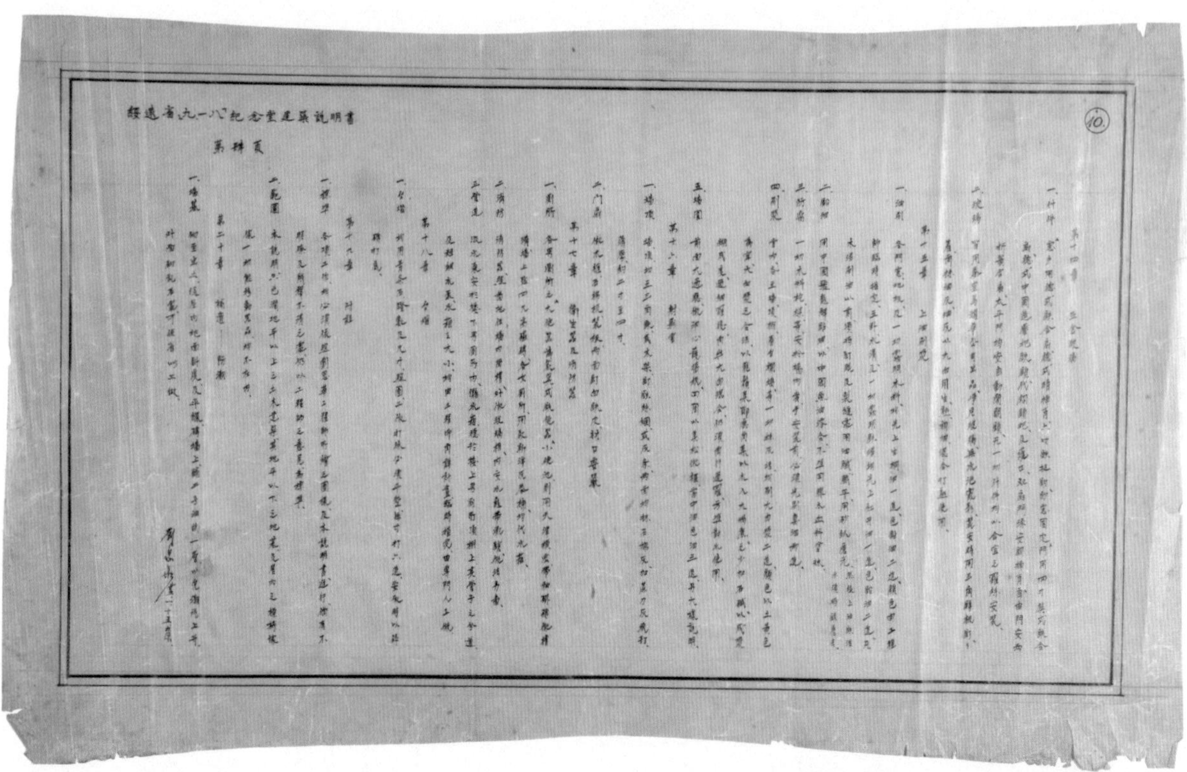

绥远省九·一八纪念堂图纸十

四、日伪侵绥活动

1936年7月，由日伪西北防共自治军司令于志谦、副司令马子义率部进犯绥东兴和县。傅作义命令兴和县驻军许书庭部出击，大获全胜，俘虏马子玉等60余人。7月30日，伪西北防共自治军总司令王道一率2000余人又进犯绥东红格尔图和土木尔台。傅作义部集宁驻军出击，毙伤敌伪过半，王道一狼狈逃回商都，被日军枪决。

进攻绥东失败后，日军调集热河伪军2000人开赴绥东商都，增调日军一个混成旅团进驻察北、张北、康保。日寇在绥东的侵略活动暴露后，全国人民无比愤慨，北平的学生举行大规模的游行活动，积极呼吁全民联合起来共同抗日。

1936年10月5日，日本关东军特务机关长田中隆吉在嘉卜寺（化德）召开侵绥军事会议，会议决定分路进犯绥远。

李守信的伪蒙古军第一军，部署于绥东兴和县一带为左翼；德王的第二军，部署于绥北土木尔台以北一带，并以穆克登定伪蒙骑兵第七师驻百灵庙为右翼；以王英的伪"大汉义军"进驻红格尔图东北的土城子一带，先行侵占红格尔图，尔后从百灵庙与红格尔图左右翼同时出动进犯归绥，再分兵侵犯绥东集宁、绥西包头及河套地区。战争所需的武器、弹药均由日寇提供，并奖赏德王、李守信、王英各三十万元大洋，卓世海、张海鹏各十万元大洋。

会议结束后，日寇即令伪满骑兵3000人，开至察北多伦、沽源一带；令驻沽源的匪军李振铭部千余人，开驻商都以西的羊群；令驻多伦的匪军四千人，开至宝昌、康保；令宝昌的吕存义部300余人，开驻商都附近；又出动飞机数架、坦克数辆，协助王英部作战，并将军衣、汽车、汽油等供李守信部，又由多伦运到张北毒瓦斯弹等武装李匪。日本关东军派出飞机数架，集结于张北、商都机场，飞到绥东及武川一带进行侦察活动。当时日寇指挥作战的日伪兵力有王英部伪军1.3万人，李守信部伪蒙古军一万余人，卓世海的伪察蒙保安队及金甲三伪军等约一万余人，以及日寇派遣在各部队的指挥官及特工等，总兵力号称4万人，战事一触即发。

11月5日，德王以伪察境蒙政委员会的名义通电傅作义，要求傅作义撤除百灵庙以南的一切军事设施，否则就兵戎相见，傅作义当即复电严予驳斥。针对日伪的进攻部署，傅作义于11月8日召开营以上秘密军事会议商讨抗敌对策。分别任命骑兵第一师师长彭毓斌为绥东防守总指挥，步兵二一八旅旅长董其武为绥东防守副总指挥；骑兵第二师师长孙长胜为绥北防守总指挥，步兵二一一旅旅长孙兰峰为绥北防守副总指挥。傅作义将军勉励众将，绥远战役关系重大，胜则奠定抗日基础，败则前途堪忧，坚决歼灭犯绥之敌，只能打胜，不能打败。

蒙政会德王等人合影（民国23年（1934年）5月14日《申报》图画特刊第18号）

图为日本出版的写真集中日伪军占领归绥的照片：1. 归绥城楼　2. 归绥城外景　3. 德王　4. 归绥城街道　5. 日伪军

德王（1902~1966年）

德王，即德穆楚克栋鲁普亲王，字希贤。察哈尔地区锡林郭勒盟苏尼特右旗人。1934 年 4 月，任蒙政会秘书长。1936 年 2 月 10 日在日本关东军支持下成立伪蒙古军政府，并出任总司令、总裁等伪蒙疆政府首脑。1938 年出任伪蒙古联盟自治政府主席。1950 年初，中华人民共和国政府将德王以伪蒙疆首要战犯关押。1963 年被特赦。后被聘为内蒙古文史馆馆员。1966 年 5 月 23 日在呼和浩特去世。

李守信（1892~1970年）

李守信，蒙古族，热河卓索图盟（今辽宁朝阳、阜新）土默特右旗人。1936 年 2 月，任德王伪蒙古军副总司令兼军事部长，5 月伪蒙古政府成立，任参谋部长。1937 年 10 月，伪蒙古联盟自治政府成立，任伪蒙古军总司令。1939 年 9 月，伪蒙疆政府成立，他继任伪蒙古军总司令。1941 年 6 月，伪蒙疆联合自治政府对内称为蒙古自治邦，李守信当选副主席。

1949 年，李守信逃亡台湾，其后在德王劝诱下返回内蒙古，赴阿拉善参与德王发起“西蒙自治运动”。同年 8 月，伪蒙古自治政府成立，出任政务委员兼保安委员会副委员长。

1950 年 9 月，李守信以伪蒙疆政府战犯身份入狱。1964 年获特赦。后被聘为内蒙古文史馆馆员。1970 年 5 月，在呼和浩特病故。

日本扶持的伪蒙自治政府：1. 内蒙伊克昭盟的白塔召　2. 第三号傀儡—德王　3. 沙漠中的市集　4. 内蒙名召的建筑　5. 内蒙的圣地—百灵庙

蒙古地方自治政務會議

②③④⑤百靈廟之蒙古政務會議
左爲蒙古地方自治政
務委員會成立大會上
爲蒙政會秘書廳廳長
德王左角爲中央特派
監督大員兼指導長官
何應欽代表何競武下
爲全體委員入門攝手
杖爲雲王

蒙政会成立时的情景（民国23年（1934年）8月6日《申报》图画特刊第42号）

蒙政会

蒙政会是蒙古地方自治政务委员会的简称，是办理各盟旗地方自治事务，直属于行政院的地方行政机关，同时受中央主管机关蒙藏委员会及新成立的蒙古地方自治指导长官公署之领导。当时蒙政会实际所辖区域仅限于察哈尔、绥远两省境内各盟旗。民国23年（1934年）4月，蒙政会在乌兰察布盟百灵庙成立，指定云瑞旺楚克为委员长，索特那木拉布坦、沙·克都尔扎布为副委员长。德穆楚克栋鲁普（德王）为秘书长。

蒙政会秘书长德穆楚克栋鲁普

德王部下的伪蒙古兵（民国25年（1936年）《申报》图画特刊）

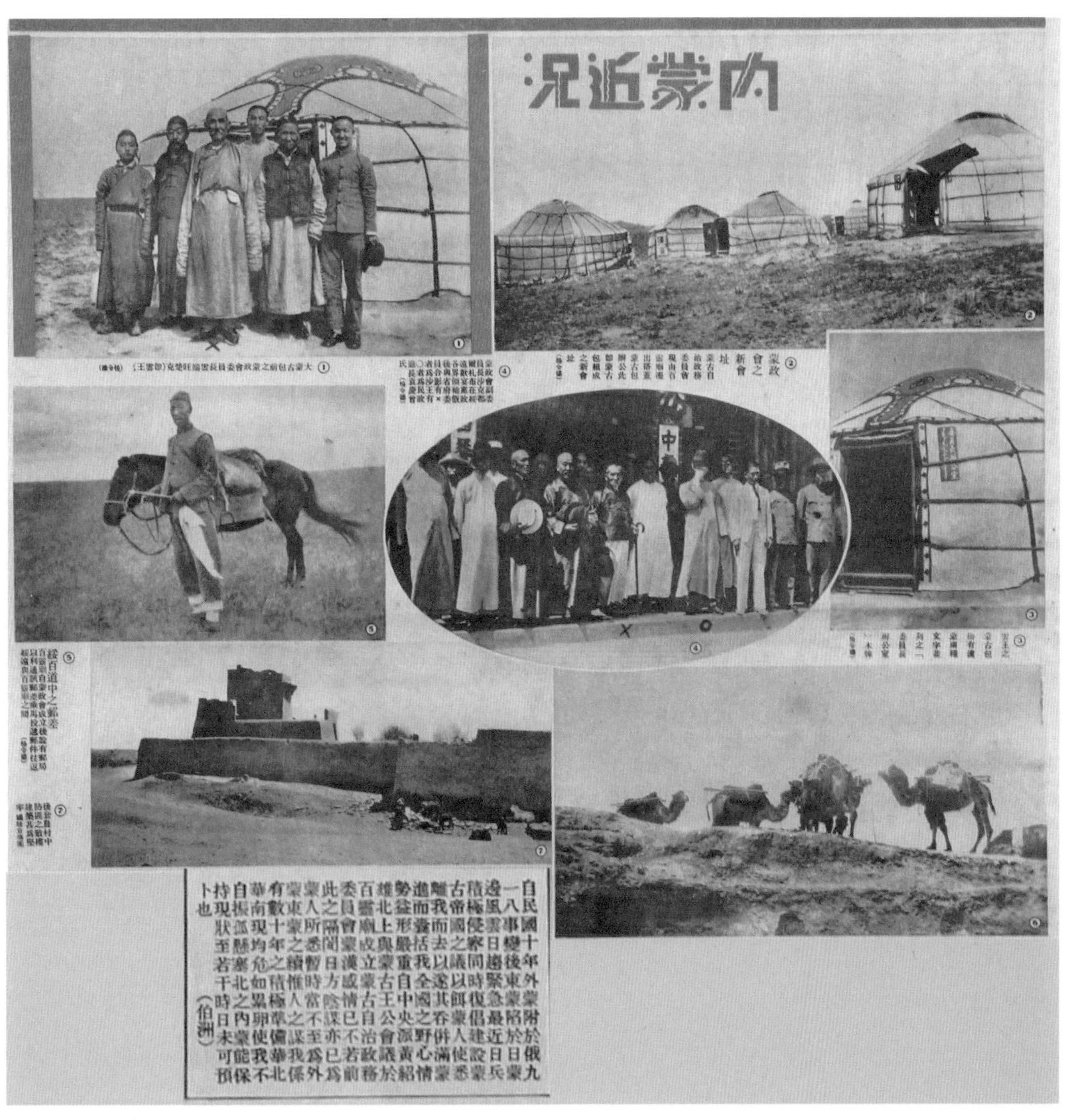

內蒙近況

①大蒙古包前之蒙政會委員長雲端旺楚克(即雲王)(楊令攝)

自民國十年外蒙附於俄九一八事變後東蒙陷於日蒙邊風雲日趨緊急最近日兵積極侵察同時復倡建設蒙古帝國之議以餌蒙人使悉離我而去以遂其吞併滿蒙進而蠶括我全國之野心情勢益形嚴重自中央派黃紹竑北上與蒙古王公會議於百靈廟成立蒙古自治政務委員會蒙漢感情已不若前此之隔閡日方陰謀亦已為蒙人所悉暫時當不至為外蒙東蒙之續惟人之謀我係有數十年之積極準備華北華南現均危如累卵使我不自振孤懸塞北之內蒙能保持現狀至若干時日未可預卜也(伯洲)

1934年4月23日，蒙古地方自治政务委员会（蒙政会）在百灵庙成立。云端旺楚克（云王）任委员长，沙·克都尔扎布（沙王）、索诺木喇布坦（索王）任副委员长，德穆楚克栋鲁普（德王）任秘书长。南京国民政府派特使出席了成立大会（民国25年（1936年）《申报》图画特刊）

蒙政会秘书长德穆楚克栋鲁普（德王）打靶照片。其时，德王尚未投日（民国23年（1934年）10月10日《申报》图画特刊民国国庆纪念号）

蒙政会会员在北平合影（民国 23 年（1934 年）8 月 13 日《申报》图画特刊第 44 期）

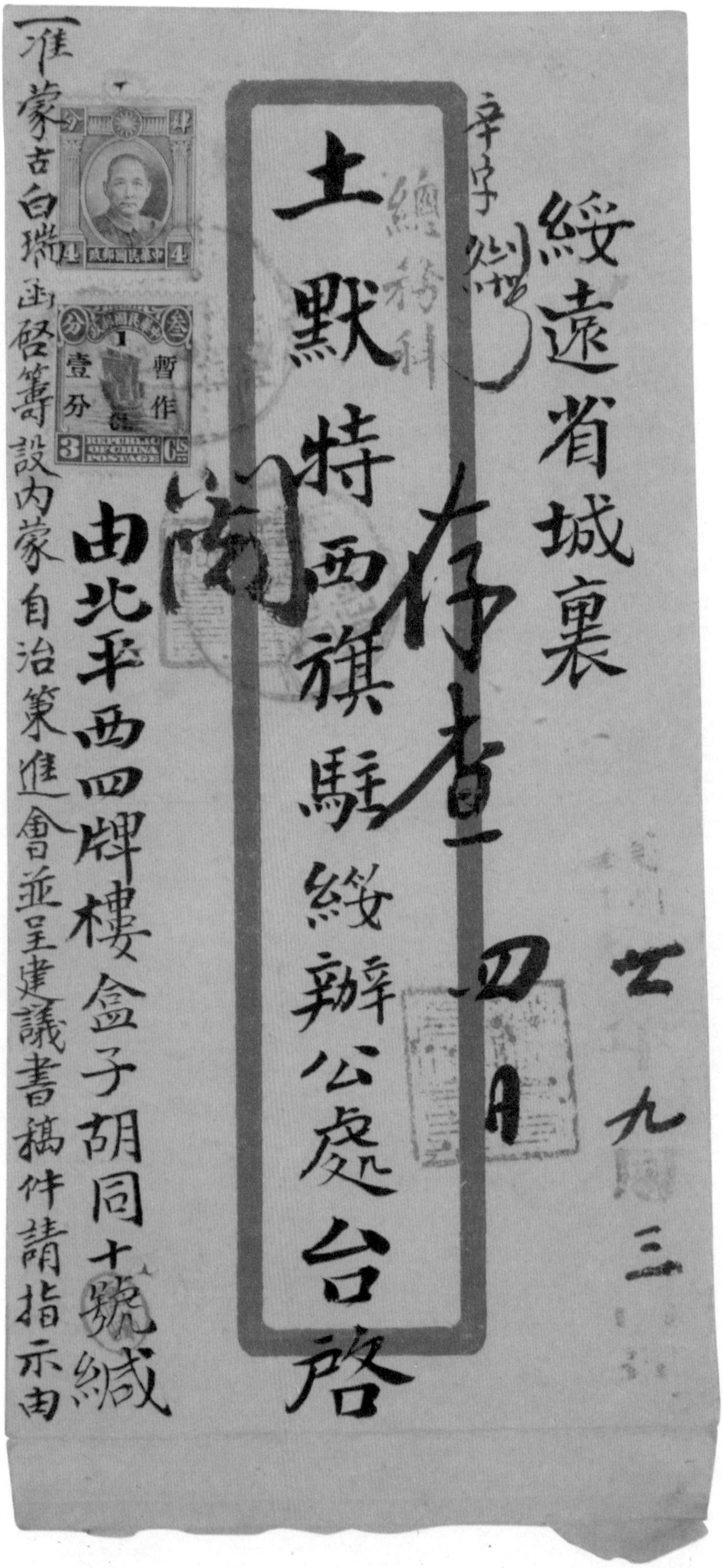

廿九 三

綏遠省城裏

辛字

總務科

存查

四月

土默特西旗駐綏辦公處台啓

閱

由北平西四牌樓盒子胡同十號緘

一准蒙古白瑞函啓籌設內蒙自治策進會並呈建議書稿件請指示由

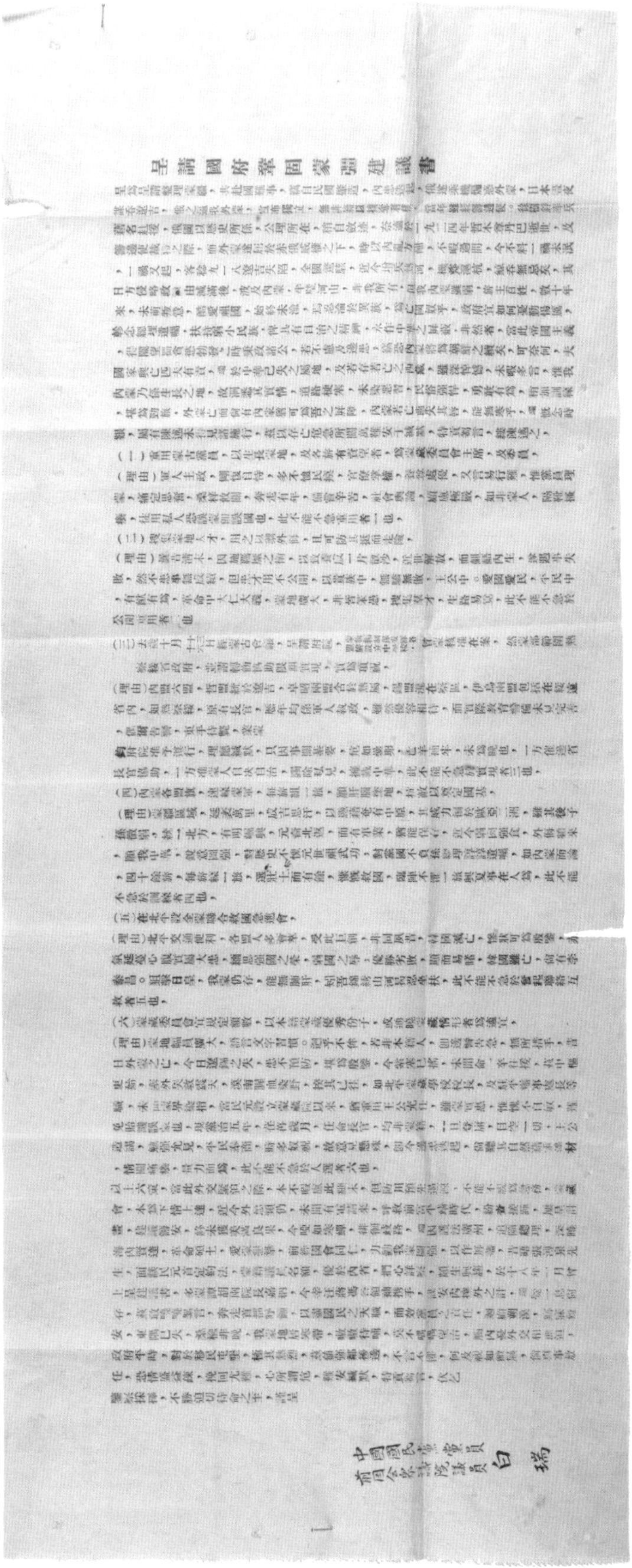

呈請國府鞏固蒙疆建議書

中國國民黨黨員
前國會衆議院議員 白瑞

中国国民党党员、前国会众议院议员白瑞于民国21年（1932年）9月呈请国府巩固蒙疆建议书呼吁蒙汉民族团结一致，共同抗日。

左图为信封，右图为书信内文

此为内蒙古前国民党众议院议员白瑞所写的《呈请国府巩固蒙疆建议书》原件，摘录部分原文如下：

“九·一八辽吉失陷，全国惊骇，近今增兵热河，机炸沪杭，鲸吞无忌矣，其日方侵略政策由灭满后，波及内蒙，半壁河山，非我所有，但我内蒙虽弱，旂主百姓………酷爱祖国……焉忍沦于异族，为亡国奴乎……奔走首者呼吁，以尽国民之天职……”字里行间，可见白瑞先生爱国之心！

红格尔图战役

日伪进犯绥远前，其兵力大部分集中在商都一带。商都在察哈尔西部，接近绥远红格尔图。红格尔图是陶林县的一个小村，在集宁县北约170华里处，其东北有土城子村，西北是土木尔台，是绥远东大门，是日伪进攻绥远的必经之地。虽然红格尔图西北、东南都是山，但西南、西北、东南都有路可通行。北山名不浪山，东山名乌里雅苏台山。红格尔图东南45公里便是商都县城，距离匪首王英司令部达拉村30里左右，所以战略位置尤为重要。

1936年11月13日，日军命王英为前敌总指挥，率领石玉山、杨守诚两个骑兵旅及金甲三一个步兵旅和炮兵两个连等日伪军，向红格尔图发起猛烈进攻。红格尔图守军只有二一八旅一个步兵连，骑兵旅第二团两个骑兵连，另有当地自卫队长张存德民团百余人。守军奋起反击，双方激战一夜，14日上午，日伪军被击退。15日上午，日伪军步、骑兵2000余人，在飞机、大炮的掩护下又发起猛烈进攻。战斗异常激烈，敌军多次进攻都被击退。战斗中，正黄旗总管兼绥东四旗剿匪司令达密凌苏龙率领蒙旗部队及民团赶来，军民协同作战，击退日伪军。15日，傅作义部骑兵团团长张培勋率两连骑兵星夜驰援，守军士气大增。16日，日寇特务机关长田中隆吉亲自指挥李守信骑兵第二师尹宝山部协同王英部，金甲三步兵旅5000余人，再次发起疯狂进攻。守兵英勇抵抗，击退日伪7次冲锋。战斗直到傍晚，终将敌人击溃。

预立遗嘱誓死守土之绥远省主席傅作义

16日，傅作义将军亲自到达集宁前线指挥，与绥东防守总指挥彭毓斌、副总指挥董其武拟定作战方案。令董其武率领部队乘汽车秘密开赴卓资山、集宁两地集结待命；令驻卓资山的李作栋团、第二一一旅孙兰峰部驻旗下营的王雷震团、第六十八师李服膺部的李团、炮兵第二十五团的杨茂材营星夜乘汽车秘密开往前线，于17日夜，部队到达红格尔图西的丹岱沟一带。董其武下达了作战命令，令王雷震、李作栋两团各配属炮兵一个连，于18日凌晨2时，分别向红格尔图东北的打拉村、土城子（王英指挥部）等地的日伪军进行包围袭击，一举歼灭敌人。当夜2时敌军增援部队有6000余人，发起进攻。红格尔图守军顽强反击。此时董其武率

傅部旅长董其武（右），坐镇武川之傅部旅长孙兰峰（左）（民国25年（1936年）12月16日《东方杂志》第33卷第24期）

部包围了敌军，绥军内外夹攻猛击日伪军，日伪内外受击，仓促应战，阵营大乱。战斗到拂晓，敌溃不成军，向西北溃逃，田中隆吉和王英也乘汽车仓皇东逃。

红格尔图一战，双方激战五昼夜，击毙击伤日伪军400余名，俘虏日伪军300余人，缴获大量军备。此战役给予日伪重创，粉碎了日伪企图占领绥东的侵略计划，极大地鼓舞了绥远军民的抗日士气，为百灵庙战役奠定了胜利基础。

國防第一綫——綏遠

——楊令德特攝——

綏東

▼綏遠烈士公園中之傅作義部抗日陣亡將士紀念牌，胡適之撰文，錢玄同書。

国防第一线——绥远（民国25年（1936年）11月1日《东方杂志》第33卷第21号）

从集宁开赴前线的抗日队伍（民国 26 年（1937 年）1 月 1 日《东方杂志》第 34 卷第 1 期新年特刊）

驻平地泉（集宁）国民党军第十三军

集宁城外大战壕

匪伪觊觎下的绥东兴和县城（民国 25 年（1936 年）12 月 6 日《汗血周刊》第 7 卷第 23 期）

绥东四旅蒙古保安队

开赴绥东前线之我国壮士（民国26年（1937年）1月31日《申报》第2卷第5期 每周增刊）

击败绥东残匪之师长彭毓斌（民国26年（1937年）1月31日《申报》第2卷第5期 每周增刊）

国军借用当地天主教堂土炮打击敌人

国军最前线部队作战情形

国军越出战壕向敌阵冲击

国军骑队之一部分

绥军红格尔图最前线司令部及全体军官

红格尔图之街市

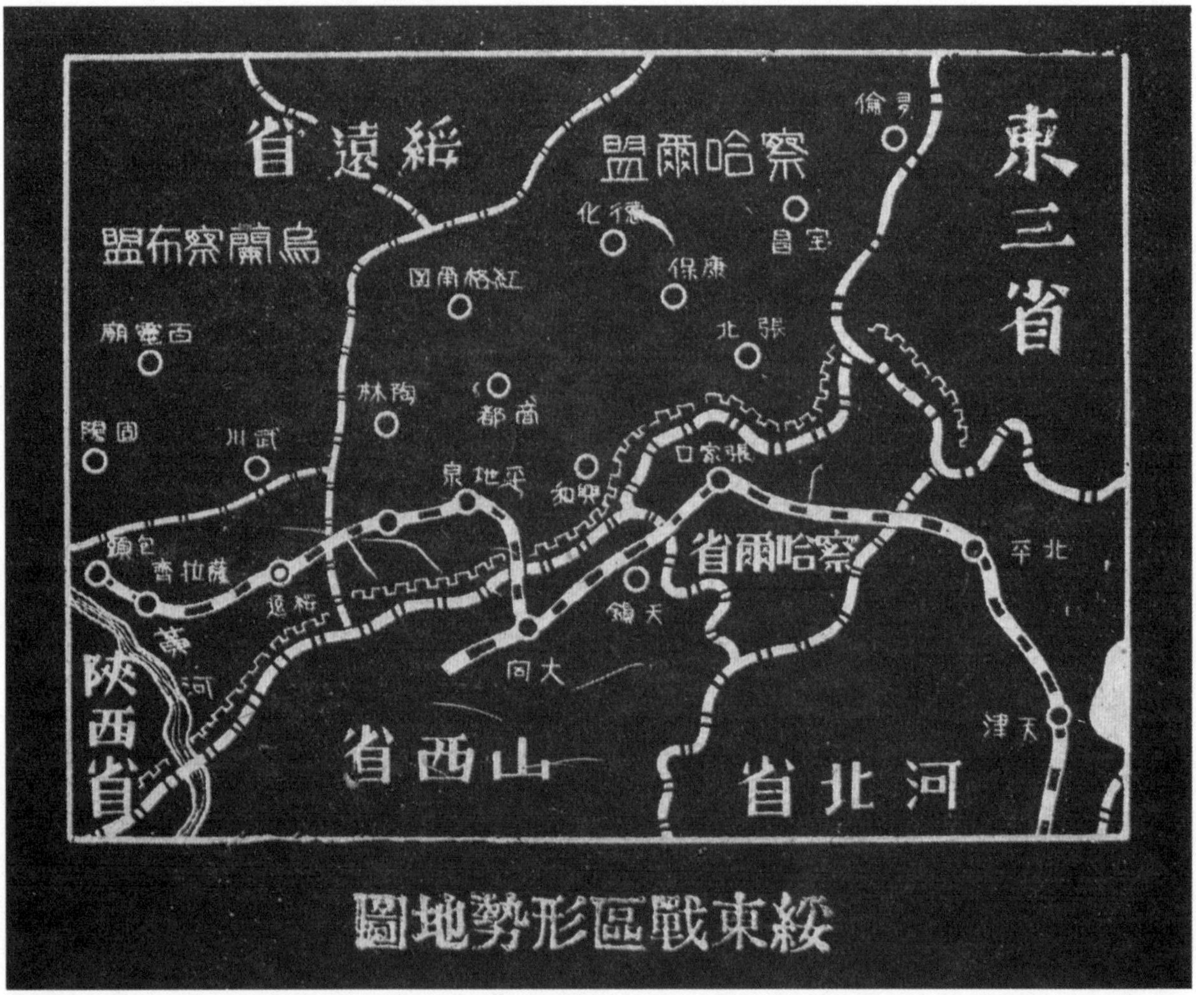

绥东战区形势地图

骑兵司令赵承绶

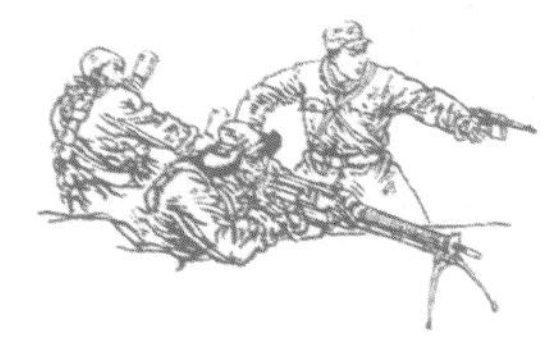

軍事經濟圖

匪軍侵犯綫
我軍前進綫
匪軍要塞
我軍要塞
匪軍重鎮
我軍重鎮
物産

比例
1 : 2,000,000

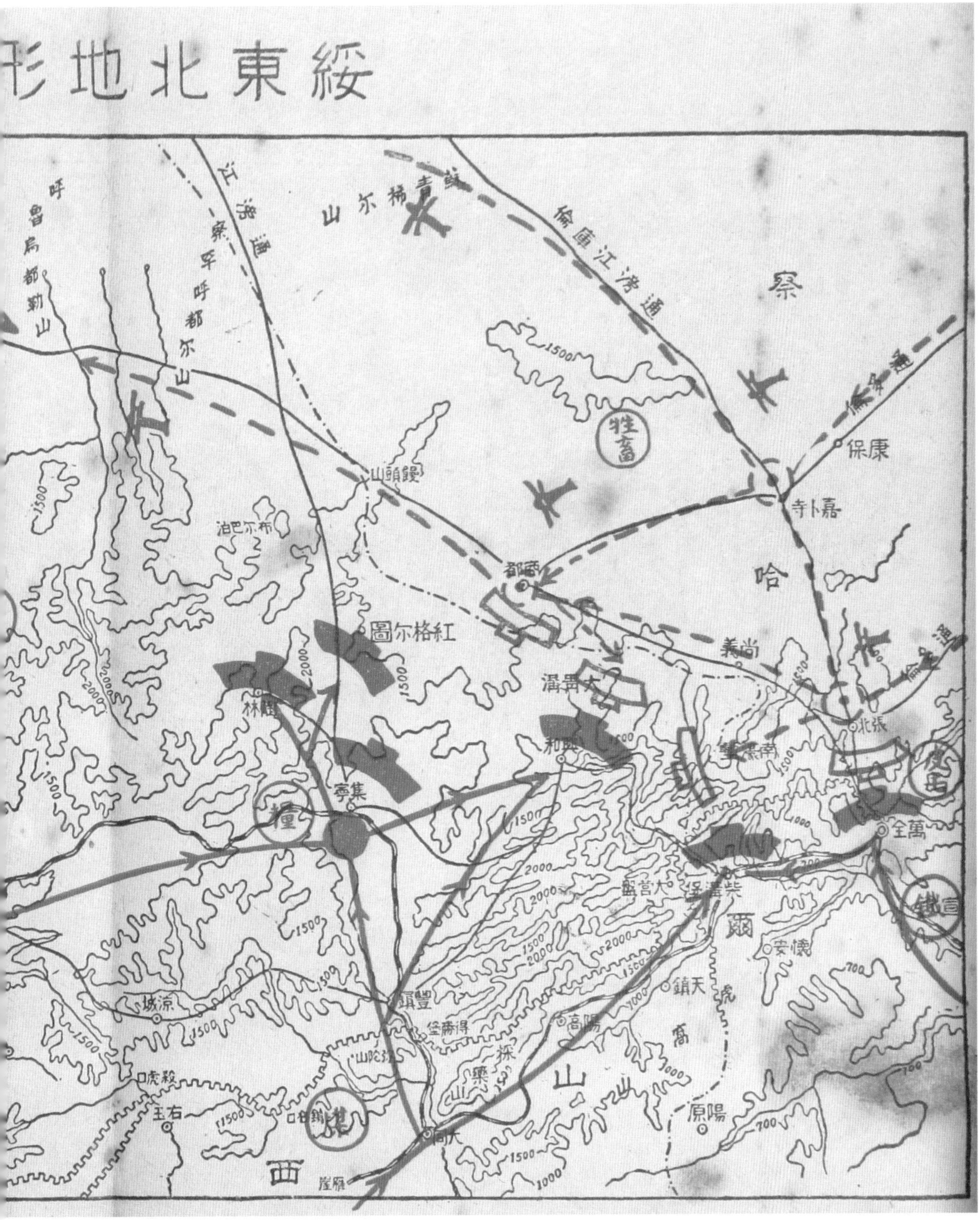

綏東北地形

绥东北地形军事经济图（出自民国26年（1937年）9月出版的《今日的绥远》）

⑧綏東勦匪司令正黃旗總領達密凌蘇龍（有×者）。此次綏東戰事，出力不少。上月廿八日自平地泉抵綏，傅作義主席歡迎於車站合影。（石萬里攝）

⑨慰勞團抵武川，同行者有大批運往前方之煤車。

绥东剿匪司令正黄旗统领达密凌苏龙（左） 率慰劳团抵武川，同行者有大批运往前方之煤车（右）

在红格尔图抗战时的达密凌苏龙

达密凌苏龙

蒙古族，今察哈尔右翼后旗乌兰哈达人。1928年，察哈尔右翼蒙兵武装警察总队成立，达密凌苏龙任东路游击队队长。1933年率部投奔冯玉祥，参加抗日同盟军。1934年，国民党绥远省成立绥东四旗剿匪保安司令部，达密凌苏龙任司令。1936年5月，为绥境蒙政会委员。同年底，在红格尔图外围配合晋绥军打退王英日伪军的进攻。1937年，参加德王召开的蒙古联盟自治政府第二次大会，被任命为伪察哈尔盟副盟长。是年，绥东沦陷后，投靠日军。其部被整编为日伪蒙古军第七师，任少将师长。1945年，日伪授其中将军衔。日军无条件投降后，他率部赴商都向苏蒙军和晋绥军投降。不久，其部在苏蒙军和晋绥部队的监视下，开赴蒙古人民共和国。1948年5月，达密凌苏龙回国。年末，担任内蒙古自治区人民政府参事室高等参事。

驻守在集宁的陆军骑兵第三旅第六团第一连第九班全班合影纪念

红格尔图战役中的五位将领

彭毓斌（？~1945年）

字绍周，号沧江钓徒。晋绥军骑兵将领。湖北黄陂人。保定军官学校第6期骑兵科毕业。1927年任山西督军署主任参谋，1932年任山西警备骑兵第3旅旅长，后任晋绥骑兵第1师骑兵2旅旅长，1935年4月任少将，1936年兼任红格尔图前方总指挥，在傅作义的指挥下，参加绥东抗战，取得百灵庙大捷，推动了全国抗日高潮的到来。1937年5月任中将，8月任骑兵第1军骑兵1师师长，参加太原会战。他是绥远抗战的5位民族英雄之一，1945年在上党战役中兵败阵亡。

董其武（1899~1989年）

1899年11月27日（农历10月25日）出生在山西省河津市樊村镇，解放军高级将领。1919年从军，参加北伐战争。从1928年起，在国民党傅作义部历任参谋、团长、旅长。1933年，参加著名的长城抗战，抗击日本侵略者。1936年，参与组织指挥绥远抗战，获百灵庙大捷。1949年9月19日率绥远军政人员起义。1951年，参加抗美援朝，任中国人民志愿军第二十三兵团司令员。1955年被授予上将军衔和一级解放勋章。

张培勋（1887~1965年）

字子杰，山西省原平市永兴村人，行伍出身。早年追随同盟会员张汉捷参加辛亥革命。1915年投身于晋绥军赵承绶部下，由下、中、上士升为连、营、团长。抗日战争初期，民族英雄张培勋担任晋绥军骑六团少将团长。

张 著(1898~1972年)

民族英雄张著，河北省保定人，保定军官学校毕业，任晋军骑兵第二团中校副团长。

苏开元（1906~？年）

生于1906年12月9日（清光绪三十二年十月二十四）。黑龙江青岗人，原名苏凯元，字硕朋。东三省军士教导队第一期毕业，东北陆军讲武堂第五期步兵科、日本陆军士官学校中国队第二十期步兵科肄业。

1931年1月调任东北边防军第7军（军长傅作义）参谋处（处长张濯清）上校参谋。6月调任第73师（兼师长傅作义）第210旅（旅长叶启杰）第420团上校团长。1932年3月调任第218旅（旅长曾延毅）第435团上校团长。1936年5月所部改称独立第218旅（旅长董其武）第435团，仍任上校团长。1940年5月调升绥远第1游击区中将司令。

百灵庙战役

百灵庙位于绥远乌兰察布盟草原，建于康熙四十二年（公元1702年）。百灵庙系达尔罕贝勒庙的转音，也称乌力吉套海（吉祥湾）召庙。庙宇由5座大殿、9顶佛塔和36处藏式结构的院落组成，总占地面积约8000平方米。自建成以来一直是达尔罕草原商旅云集和物资的集散地。为内蒙古北部政治、经济、佛教喇嘛活动的中心，也是漠南通往漠北、新疆等地的交通要道，为兵家必争之地。是德王（德穆楚克栋鲁普）的“伪蒙藏委员会”所在地。

红格尔图战役后，傅作义将军决定乘胜收复百灵庙，以缓解绥北的威胁。日伪战败后，为防御绥军进攻也加强了设防。派王英部金宪章、石玉山进驻大庙（百灵庙东二百余里），派伪蒙古军第七师穆克登宝部在百灵庙修筑防御工事。

1936年11月17日，傅作义将军部署收复百灵庙的事宜。为不使日伪探知军事行动，迷惑敌军，令孙兰峰旅，每天从归绥到二十里外的白塔进行野外训练，晚上返回，误使日伪以为部队每天进行训练。为出奇制胜，我军派出情报人员，侦察敌情，以供作战之需。

11月22日，侦得日伪用汽车运送大批武器、弹药到百灵庙，24日另有5000名伪蒙军到达。傅作义将军立即下达作战命令，任命孙长胜为前敌总指挥、孙兰峰为前敌副总指挥，指挥所部骑兵第二师三个团，第二一一旅两个步兵团，第七十师刘效曾步兵团，附山炮兵一个营，苏鲁通小炮一队，汽车和装甲车各一队，以出奇制胜快速果断之行动，收复百灵庙。令各部队秘密集结于百灵庙东南一百七十里的二份子、公胡同一带待命。23日夜，绥军向日伪发起进攻，日伪在百灵庙特务机关长胜岛角芳指挥下，仓皇抵抗。双方激战了4个小时，日伪凭借工事火力顽强抵抗，绥军进展缓慢。此时已将至拂晓，若百灵庙攻不下，天亮后日伪援军即至，敌机出动，战斗将极为不利。孙长胜遂令炮兵集中火力摧毁敌阵，掩护装甲车队及步兵攻击前进。日伪受炮火攻击，渐不能支，退入庙内，绥军随即冲入庙内，对日伪实施包围歼灭。伪蒙古军20余官兵在战场就地起义，里应外合攻打伪军。胜岛角芳和伪蒙骑士师师长穆克登宝见大势已去，遂乘汽车朝东北方向狼狈而逃。24日上午8时，绥军收复百灵庙。此战毙敌300人，内有日军20余人，伤敌600多名，俘虏400余人，缴获炮4门，步枪600余支，粮食2万袋，其他军备若干。

绥军收复百灵庙后，日军不甘心失败，连日派飞机对绥东集宁、绥北百灵庙一带狂轰滥炸，并积极准备反攻百灵庙。12月2日，胜岛角芳携王英部副司令雷中田率领日伪军4000余人由锡拉木仓庙（也称大庙）进犯百灵庙。傅作义将军电令孙兰峰率部前往。从3日黎明到上午9时，经过3个小时的激烈战斗，击毙伪副司令雷中田，打死打伤日伪500余人，俘虏200余人，绥军告捷。

百灵庙门前的平津沪站地记者及各地慰劳团人员与百灵庙抗日将士合影

地势险要的百灵庙山口

我方工兵在绥北前线筑战壕

绥远防空演习的高射炮阵地

施放烟幕进行防空演习

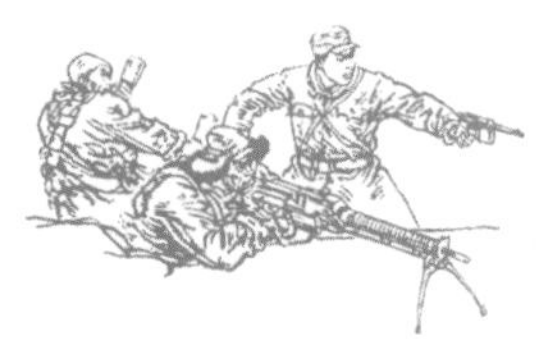

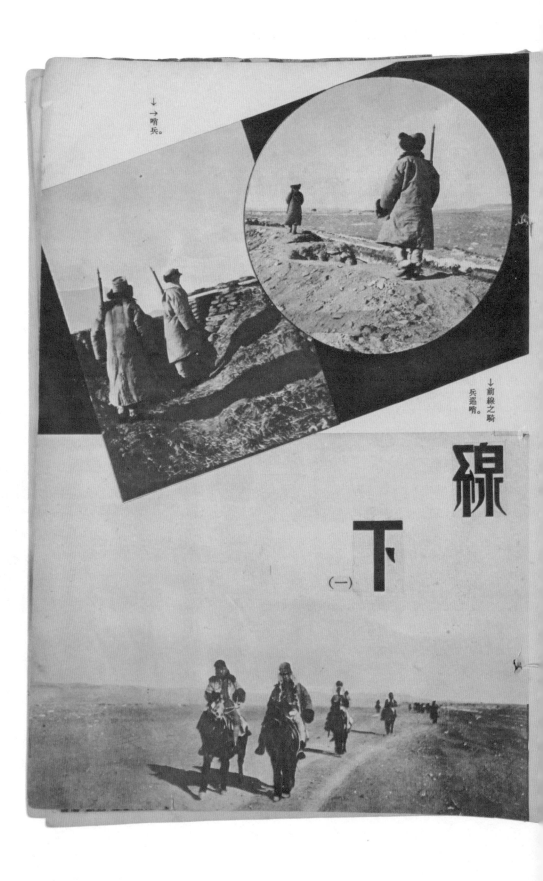

→哨兵。

→前線之騎兵巡哨。

線下（一）

綏遠抗戰特寫——

（小方·石萬里攝）

↑機關槍手。

↓抗敵軍自武川縣城出發（圖）

↑前線防禦工作情形。

哨兵（左上）、前线之骑兵巡哨（左下）、关枪手（右上）、抗日军队从武川县城出发（右下）

（民国26年（1937年）1月1日《东方杂志》第34卷第1号新年特刊）

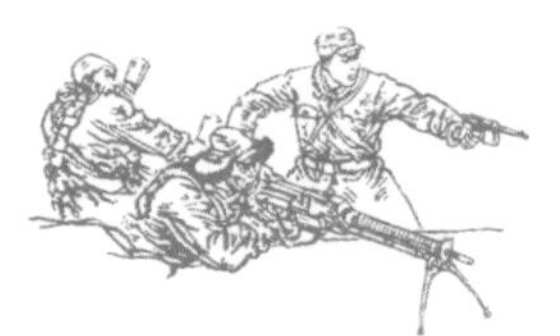

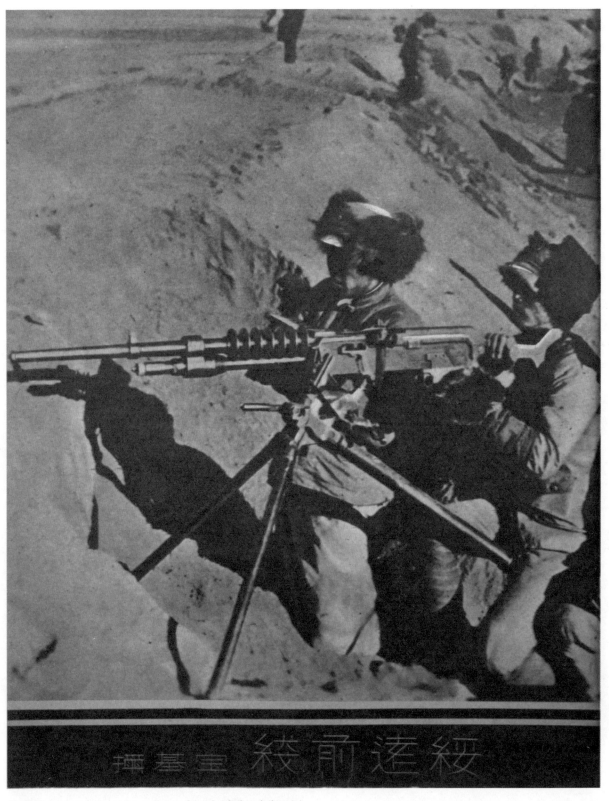

绥远前线（民国25年（1936年）12月16日《东方杂志》第33卷第24期）

民国26年3月28日绥远大阅兵（民国25年（1936年）11月1日《东方杂志》第33卷第21期）

绥远省主席傅作义将军向民众演讲绥远抗战的意义（民国 25 年（1936 年）11 月 25 日《申报》图画特刊第 226 期）

綏遠防空演習

戰事自綏遠發生，某方有飛機助匪，且傳聞僞作戰將毒瓦斯向我軍預備施放。我軍自克復百靈廟後，果搜獲敵方許多毒瓦斯彈。因此，綏省對於防空及防毒瓦斯一層，極爲注意。去年年底，綏省會舉行大規模之防空演習。此頁各圖，即爲當時防空演習之情況。（楊令德攝寄）

↑防空演習中之救護車

↑北平輔大及科學生活社爲援綏抗戰將士特製防毒面具，在輔大公開展覽，並作實地試驗之情形。（宋致泉攝寄）日

↓試放烟幕

↑救護演習

傅作義（右）與中央特派防空演習指導員彭祥瑛←

由百靈廟獲得之毒瓦斯彈↓

绥远防空演习（民国26年（1937年）1月10日《申报》第2卷第2期 每周增刊）

↑村民剪羊毛情形

↑河口至清水河縣往來之民運大船

綏遠 二

綏南

国防第一线——绥远（民国25年（1936年）11月1日《东方杂志》第33卷第21期）

↑綏遠人民用手工織羊毛。

↑綏遠的重要中心包頭鎮。

↑綏遠人民的[illegible]

↓歸化城外，道上黃沙堆積，車輛行駛困難。

以忙旅現多以運特一「。
幫行，在用載一貨了

[illegible]

日伪军觊觎下的绥远

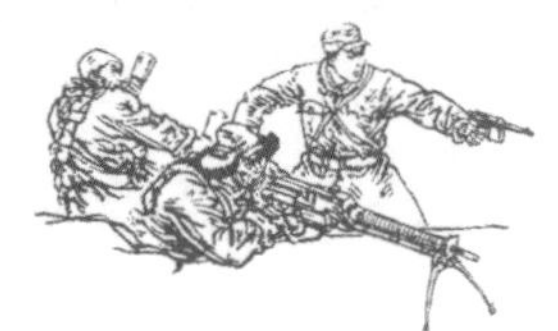

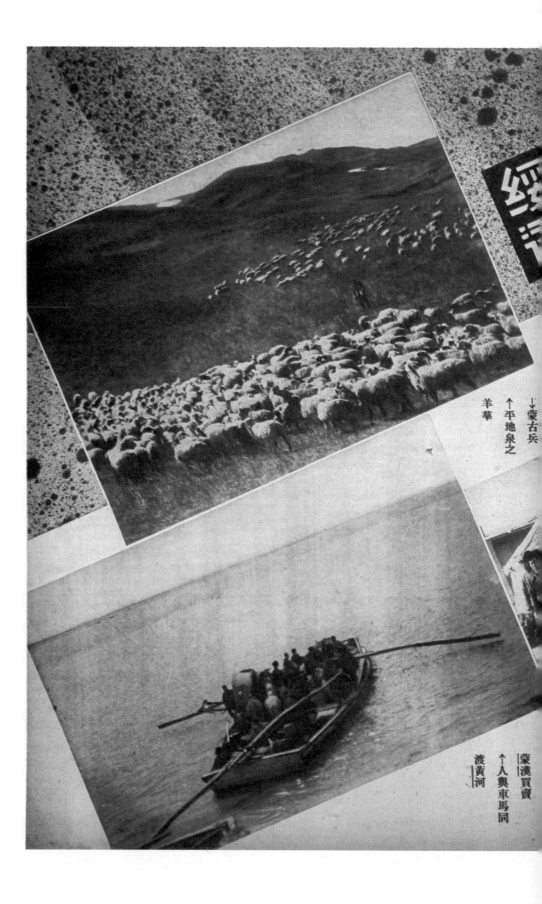

綏

↓蒙古兵

↑平地泉之羊羣

—蒙漢買賣

↑人與車馬同渡黃河

危机
日深
→不凍溝
→郡王旗府
→據報載，綏遠省政府主席傅作義將軍曾慷慨聲言，如敵敢侵綏，誓必率健兒予以痛擊，圖爲傅將軍近影。

危机日深中的绥远（民国25年（1936年）11月1日《东方杂志》第33卷第21期）

綏遠危急！

——王鍾山寄——

↑集寧（平地泉）平綏鐵路車站

↓蜈蚣壩——由壩底北望爲由綏遠城去百靈廟之要道

↑綏遠城烈士公園內之第五十九軍長城陣亡將士公墓。

←上蜈蚣壩途中（左上右堆爲蒙人所堆之鄂博）。

绥远危急！（一）（民国25年（1936年）9月1日《东方杂志》第33卷第70期）

綏遠之防空演習

六月六七兩日，綏遠省垣舉行防空演習，由傅作義、榮鴻臚、彭祥瑛與石華嚴等主持。中央派飛機九架，山西派飛機一架，赴綏參加，情況甚爲熱烈。下列各圖即爲演習情形之一班——楊令德攝寄。

傅作義演講防空演習之意義←

←到綏參加演習之飛機

煙幕演習←

偵察演習←

高射炮演習←

消防演習↑

绥远之防空演习，傅作义演讲防空演习之意义（民国26年（1937年）6月27日《申报》第2卷第52期 每周增刊）

防空飞机出勤 绥远防空演习，民国中央政府派飞机9架参加，此为空军侦察敌机踪迹及山炮准备射击

綏遠防空演習
↑最近到綏參加之中央空軍。
←飛機在綏新城鼓樓表演。
1605
↑傅作義將軍在防空大會中致辭。
←高射炮演習射擊。

中高射炮演习射击——绥远防空演习 傅作义将军在防空大会上致辞（民国26年（1937年）7月1日《东方杂志》第34卷第30期）

绥远抗战总指挥、绥远省主席傅作义将军（民国 25 年（1936 年）11 月 22 日《申报》第 10 卷第 46 期 每周增刊）

剧战之后蒙古叛军大败而走，遗留下的蒙古包

绥远国防前线大庙子景（民国 26 年（1937 年）《申报》图画特刊第 242 期）

百灵庙附近驻军练习刺杀时的情景

百灵庙战役中著名的将士

孙长胜师长

孙兰峰旅长

刘应凯团长

刘景新团长

张成义团长

张振基连长

林书魁连长

赵兰田军医

孙长胜（1879~？年）

国民党陆军中将。字凯旋，山东禹城西街人，生于1879年2月10日。曾任口北镇守使谭庆林属下暂编第1混成旅骑兵团团长，后随谭庆林先投冯玉祥，后投阎锡山。

1927年9月升任国民革命军第3集团军第8军前敌总指挥兼骑兵第3师少将师长，1928年11月改任骑兵第6师中将师长，1930年4月改任骑兵第1师中将师长，1931年5月改任骑兵第1旅中将旅长，1935年4月改任骑兵第4旅中将旅长，1936年11月兼任百灵庙战役总指挥，1937年12月升任骑兵第2师中将师长，1939年6月调任军事参议院中将参议，从此客居西安，1947年3月任陆军中将后退役，此后拒绝出任军职，1949年2月移居北平。后任北京市文史研究馆馆员。

孙兰峰（1896~1987年）

字畹九，出生于1896年，山东省滕州市人。原国民党军第九兵团司令官，陆军中将，解放后在内蒙古第三届人民委员会任职。

18岁开始军旅生涯，后入黄埔军校。历任阎锡山部连长、营长，后在傅作义部历任团长、旅长、师长、军长、国民党第12战区骑兵总指挥、第11兵团中将司令官、国民党察哈尔省政府主席、张垣警备司令、第9兵团上将司令。

在抗日战争中，率部参加了著名的长城抗战、绥远抗战、五原战役。抗战胜利后，任收复热河、绥远、察哈尔先头部队司令。

1949年参加“九一九”绥远和平起义。历任绥远省军政委员会副主席、绥远省军区副司令员、绥远省人民政府副主席、绥远省政协副主席、内蒙古自治区人民政府副主席、内蒙古自治区第一、二、三届人民委员会副主席和第五、六届人大常委会副主任等职，并曾当选为第四、五届全国人大代表，第一、二、三、四届全国政协委员，第五、六届全国政协常委。

1987年2月27日在呼和浩特逝世，享年91岁。

刘应凯

时任晋绥军骑兵第六团团长。

刘景新

曾任绥远步兵骑兵第二师团长，参加了百灵庙战役。

张成义（？~1937年）

河北正定县人，字宜斋。早年在晋军中历任排、连、营长等职。1931年任第三十五军七十三师二一〇旅四一九团团长。1933年5月，长城各口抗战失利，平津震动，第三十五军奉令驰赴怀柔以南牛栏山一带御敌，张成义团担负第一线左翼御敌任务。战斗开始后，敌军攻击异常猛烈，张成义率所部沉着应战，利用“近战狠打”的战术同敌人拼杀数日，多次击退敌人进攻，坚守阵地，直至上级严令撤退，才忍痛离开阵地。1936年，张成义率部参加了绥远抗战，负责百灵庙东主攻任务。11月23日晚10时，张成义团首先攻敌，冒着敌人的炮火，接连攻下3座山头，与其他各团对百灵庙形成合围之势。战至翌晨4时，日伪军在日军指挥官威逼下顽强抵抗，攻击部队为敌所阻。指挥部急令预备队1营乘铁甲车、汽车自东南角向敌冲锋决战，张团亦随后紧跟，经过鏖战，终于突破敌人防线，攻至庙前。张成义又选派杨天柱连为奋勇队，与张振基连猛攻庙前缺口，突入庙内，将庙内之敌割为数段。经一番激烈巷战，终于全歼庙内守敌，占领该庙，取得了著名的百灵庙大捷。战后张成义受到傅作义嘉奖。天津《大公报》称张成义等为“收庙勋将”。

1937年开始担任绥东防守司令，1937年9月23日日军进攻丰镇，在百灵庙大捷抗战中，又立新功的张成义率领国民军第一团孤军奋战一昼夜，不幸在巷战中牺牲，年仅39岁。

綏遠剿匪寫真

1. 首先攻入百灵庙之四二一团全体将领，在百灵庙前合影。2. 民族英雄前线七战士。
3. 毁家纾难之军事委员会副委员长阎锡山氏，下为阎氏输款亲笔签名原函。5. 俘虏蒙伪军之一部。
6. 某国人在百灵庙前山下所设之无线电台。7. 在绥远前线剿匪之中央军十三军军长汤恩伯。8. 绥东剿匪司令正黄旗统领达密凌苏龙。

首先冲入百灵庙的四二一团团长刘景新及排长张振基

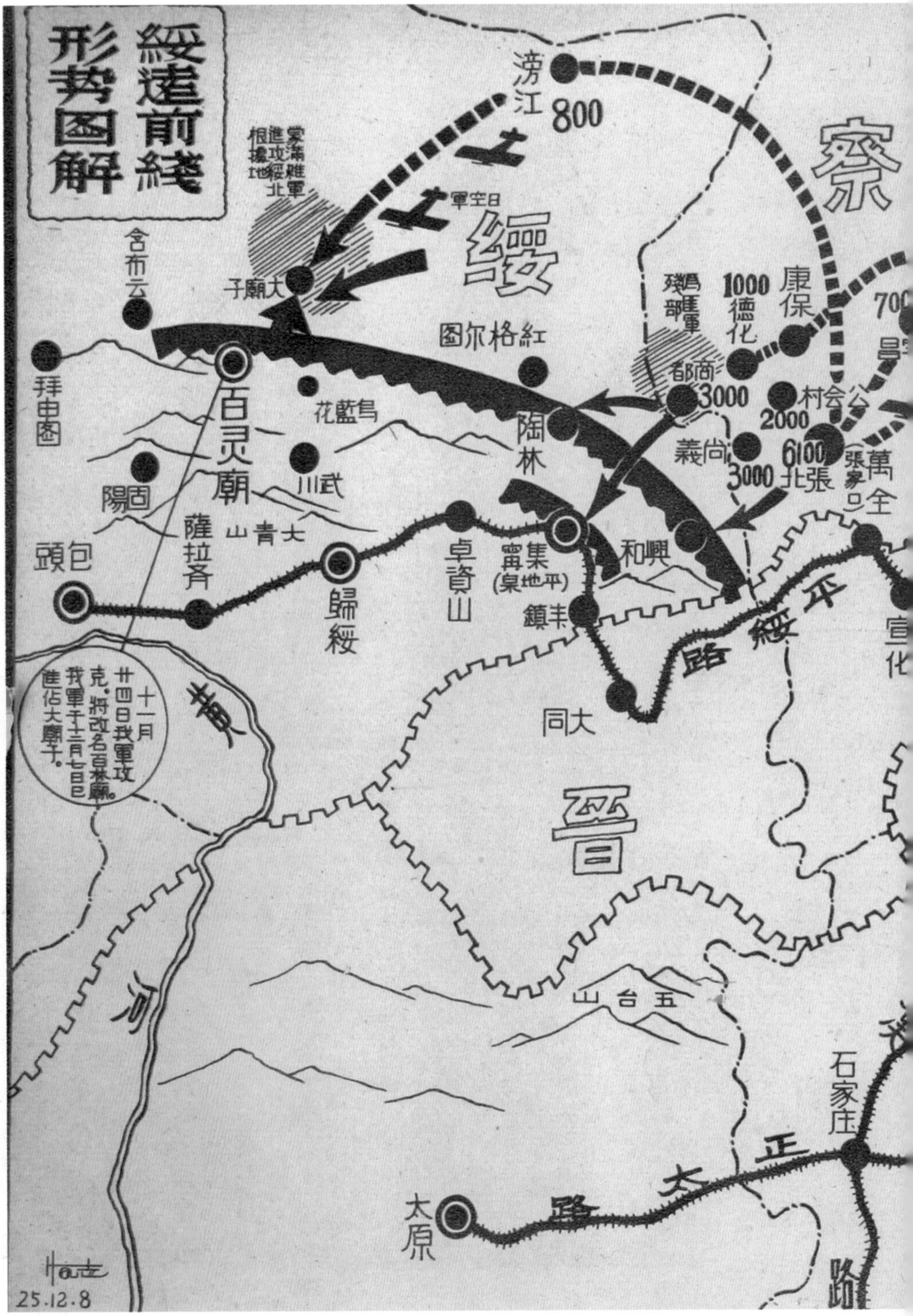

綏遠前綫形勢圖解

滂江 800

察

日空軍

蒙滿匪軍進攻綏北根據地

綏

大廟子

含布云

拜申图

百灵廟

烏藍花

武川

固陽

紅格尔图

陶林

偽匪軍殘部

商都 3000

化德 1000

保康

700

公会村 2000

尚義 3000

張北 6100

萬全（張家口）

集寧（平地泉）

興和

丰鎮

卓資山

歸綏

薩拉齐

頭包

大青山

平綏路

宣化

大同

晉

黄河

五台山

石家庄

正太路

太原

十一月廿四日我軍攻克，將改名百林廟。我軍于十二月七日已進佔大廟子。

25.12.8

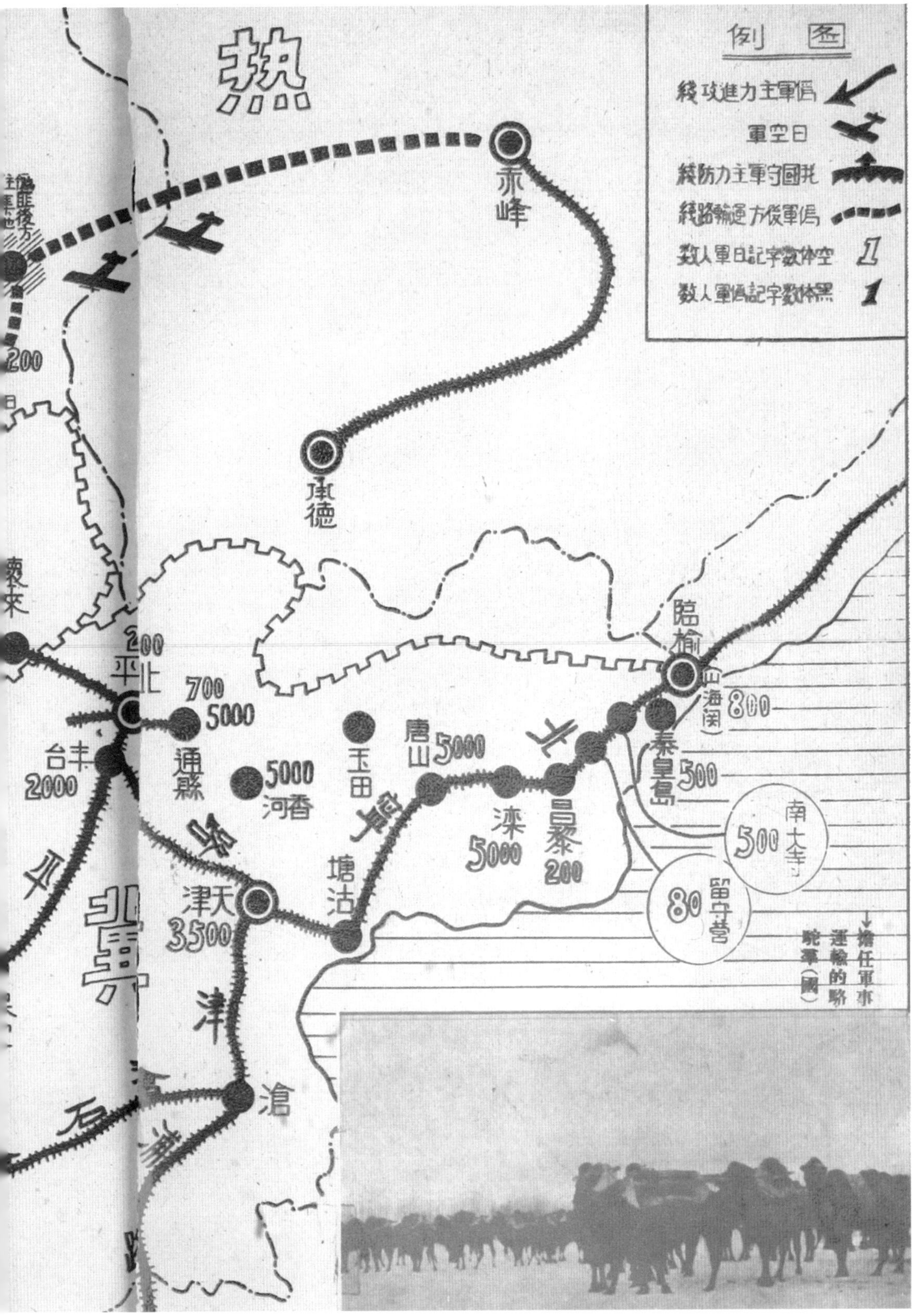

绥远前线形势图解（民国25年（1936年）12月16日《东方杂志》第33卷第24期）

当地人民纷集前线援助抗敌将士（民国25年（1936年）12月16日《东方杂志》第33卷第24期）

绥军出发情形（民国25年（1936年）12月16日《东方杂志》第33卷第24期）

百灵庙形势（民国 25 年（1936 年）12 月 16 日《东方杂志》第 33 卷第 24 期）

百灵庙前线作战之绥军（民国25年（1936年）12月16日《东方杂志》第33卷第24期）

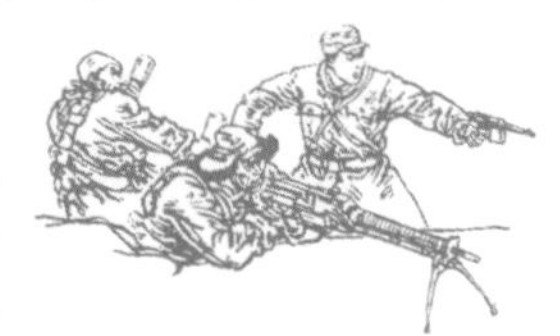

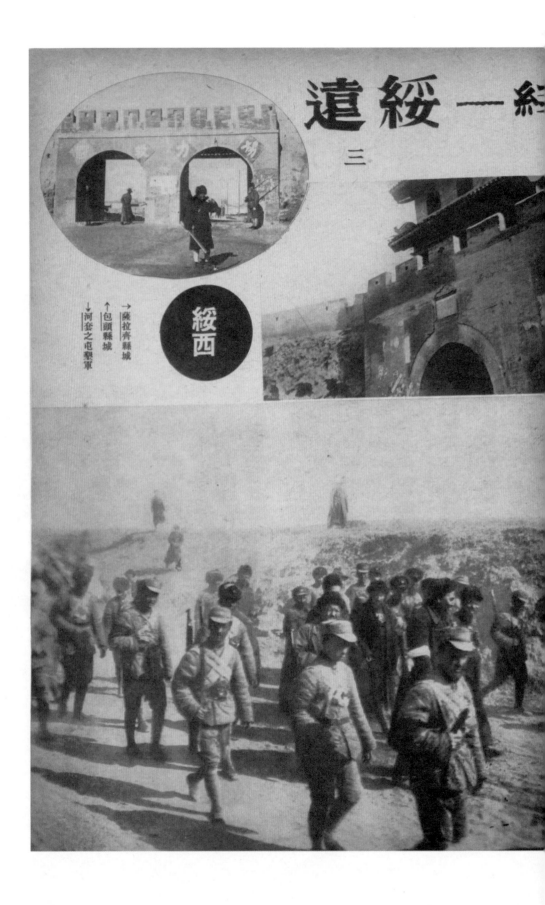

綏遠

三

綏西

→薩拉齊縣城

←包頭縣城

↓河套之屯墾軍

國防第
綏北
▲陰山蜿蜒，爲屏障綏北之要隘。
◀綏北武川各縣之交通工具，多用輪車，陰山道上，此種車往來不絕。

国防第一线——绥远（三）（民国25年（1936年）11月1日《东方杂志》第33卷第21期）

汗血週刊

第七卷　第廿五期　民國廿五年十二月二十日出版

向前推進的前線戰士們　（國聞社攝）

向前推进的前线战士们（民国25年（1936年）12月20日《汗血周刊》第7卷第25期）

中華民國二十五年十二月廿五日　　救亡情報　　（星期五）　　第一版

救亡情報

九七室　相伯

休刊號

本報緊要啓事

本報現因經費及他種困難，無法繼續刊行，決定暫時停刊，本期即爲休刊號，諸希讀者諸君亮鑒　此啓

徵求會員

一切願意參加救國會的民衆們！

各救國結體都是廣大人民的救亡聯合戰線團體，歡迎一切不願做亡國奴的人們參加。凡願加入救國會或者和救國會發生關係的，請寄信給各救國團體的領袖。

發行及編輯：全國各界救國聯合會　　第三十期　　每份售價一分

爲綏遠問題告國人書

北平學聯

北平市學生救國聯合會　十二月一日

社評　把握着新形勢下的新任務

明野

加强援綏運動

唐僧和

西安事變以來舉國震驚。全國最高領袖的留居西安頓使中央失去重心，這對於中國政局當然有重大的影響。但是近日以來時局的發展，實在令人粗憂。我們認爲處此生死存亡的最後關頭，不能再有內爭了，所以我們認爲現在局勢的發展是非常可遺憾的。我們除了希望各方能够顧全大局統一全國力量一致對外以外，更要用我們的全力支持一切有利于抗日救國的鬥爭。

目前，最有力量的反日鬥爭當然是綏遠省的抗戰。所以我們認爲擺在中國政府與人民面前的事沒有比綏遠省的抗戰更重要的了。任何人，如果願以爲國家拚命，就必須用全力支持這一切抗戰，並擴大至爲舉國之戰，以根本消滅任何內戰的可能。

要知道敵人的計劃是用盡一切可能的方法挑撥中國的內戰，過去西南事件幾釀成內戰，幸全國人民反對才被阻止，現在日本又想利用這一內爭，而達到滅亡全中國的目的。牠的計劃是一面加緊分裂中央與西北，以促成流血的內戰；一面假裝緩兵，申明不進攻綏遠以減輕全國人民對于綏遠的關切與注意，然後在內戰發動後，好乘虛而入席捲晉綏和整個西北了。最近德王的通電實在是一個狡猾的計謀，決不是誠意反正，而是故意緩和綏遠戰爭。我國上下千萬不要上當，以爲外侮已稍和緩，故可加强內爭。這樣的認識將引致萬惡的內戰，而陷整個民族于滅亡之境。我必須加强對于綏遠抗戰的支持，並鼓勵綏軍進攻直搗匪窟，才不致前功盡棄功敗垂成。

加强援助綏遠，以擴大綏遠抗戰爲舉國之戰來消滅一切內戰！

工作經驗談　怎樣消除別人的懷疑？

民国25年（1936年）《救亡情报》关于绥远问题的报道

舉國誓爲後援

綏軍奮起殺賊

↓綏軍發動抗戰後，全國奮起響應，紛紛捐款，慰勞前線將士，圖爲漢口童子軍總動員募捐之情形。（韓）

←在紅格爾圖抗戰之達密凌蘇龍。（楊）

↑英勇抗敵之綏軍領袖傅作義將軍。（楊）

←綏遠車站之形勢。（趙連璧）

举国誓为后援 绥军奋起杀贼（民国25年（1936年）12月11日《东方杂志》第33卷第23期）

1. 听训之部队（左上） 2. 汪精卫、阎锡山在绥远阅兵典礼时向官兵致训词（右上） 3. 绥远省主席傅作义对官兵讲话（中左）
4. 通过检阅台的官兵（中右） 5. 绥远阵亡军民追悼大会（下左） 6. 潘王、沙王参加绥蒙委员会成立周年纪念会（下右）
（民国 26 年（1937 年）4 月 1 日《实报半月刊》儿童节专号）

北平新闻界在中山公园欢宴绥远省主席傅作义（民国24年（1935年）4月25日《申报》第2卷第16期 每周增刊）

傅作义的军队开赴前线（民国 25 年（1936 年）11 月 29 日《汗血周刊》第 7 卷第 22 期）

站在最前綫的

我们英勇的將領

↑湯恩伯

→集寧城防司令蘇開元。

↓收復百靈廟之騎兵第二師官佐，自右至左：那貴凌，何宗海，孫長勝，史維明，王仲芳，劉應凱，王勤政。

↑大廟子（即錫拉木楞召）匪軍反攻百靈廟之根據地。

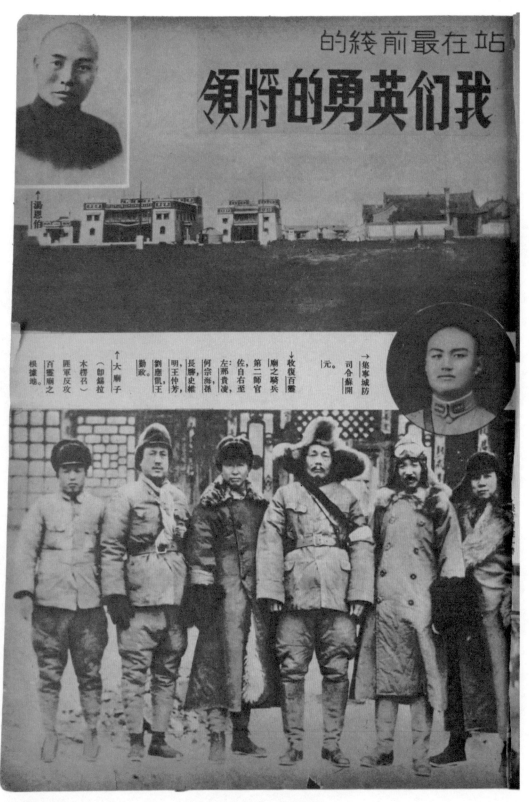

我们英勇的将领（民国25年（1936年）12月16日《东方杂志》第33卷第24期）

晋绥旅京同乡捐赠绥远省救护大汽车

设在包头的日本特务机关——羽山公馆

羽山公馆

羽山公馆是日寇在绥远的特务机关。1935 年夏，日方派羽山喜郎为归绥特务机关长，当时绥远省主席傅作义将军和日本军国主义展开斗争，不能接受使用“特务机关”，在绥远地区只能使用“羽山公馆”的名称。羽山只好将“特务机关”改为“羽山公馆”。日寇在华北各地均称“特务机关”，唯在绥远叫“羽山公馆”。

日本人在包头建筑的飞机库，后被包头县政府收回，改作堆栈

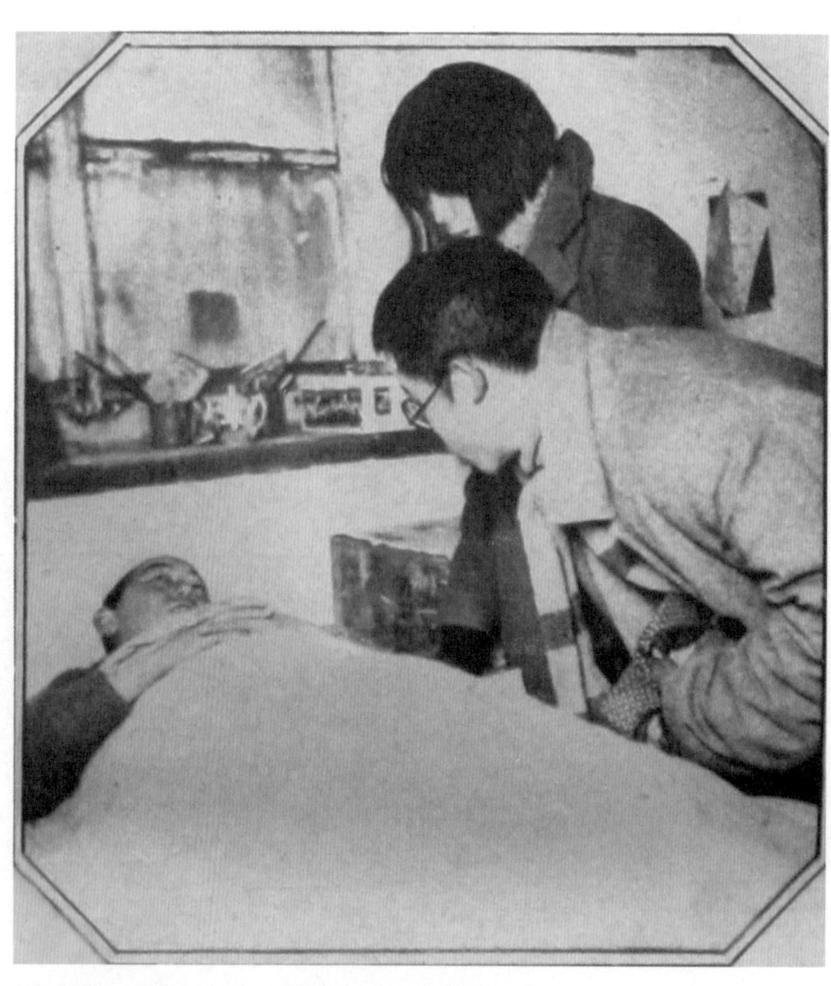

攻克百灵庙之役受伤汽车司机，向慰劳者畅谈当时战绩情形

王英部下反正旅长王子修及其夫人徐爱锦，徐为促成王氏反正，奔走甚力，绥远民众称为民国英雄

（民国26年（1937年）1月28日《申报》图画特刊238期）

在北平的东北籍学生，组成“东北青年抗敌义勇队”到绥远向傅作义请缨赴前线杀敌（民国 25 年（1936 年）12 月 24 日《申报》图画特刊 233 期）

绥战中反正师长金宪章与华侨代表合影（民国 26 年（1937 年）1 月 31 日《汗血周刊》第 8 卷第 10 期）

物華天寶 人傑地靈

①綏遠運糧至前方的駝隊
②綏垣民衆動員掘戰壕
③前方將士運輸麵粉情況
④百靈廟及其僧衆
⑤收復百靈廟之騎二師長孫長勝將軍

1. 绥远运粮至前方的驼队　2. 绥远民众掘战壕　3. 前方将士运输面粉　4. 百灵庙及其僧众　5. 收复百灵庙之骑二师师长孙长胜将军
（民国25年（1936年）12月13日《汗血周刊》第7卷第24期）

綏遠的國民軍

察北匪僞自去冬侵綏失敗後，蟄伏多時；最近似有復思蠢動之象，綏遠地方當局除調集正式軍隊妥爲戒備外，並積極武裝民衆，組織國民軍以增加抗戰力量。下列各圖，爲受訓中國民軍之雄姿——中外新聞社攝。

國民軍之雄姿↑

國民軍的司令部→

國民軍演習之一↓

最小的國民軍↑

绥远的国民军（民国26年（1937年）1月31日《汗血周刊》第8卷第10期）

绥远军队开赴前线作战（民国25年（1936年）12月24日《申报》图画特刊233期）

收复后的百灵庙及大庙子

申報

每週增刊

第二卷 第一期

郵政特准掛號認為新聞紙類

民國二十六年一月一日出版

塞外前線上我國忠勇之騎兵巡哨隊

塞外前线我国忠勇之骑兵巡哨（民国 26 年（1937 年）1 月 1 日《申报》第 2 卷第 1 期每周增刊）

本刊特派記者潘比德綏旅攝影

（左）百靈廟中之小殿

（左）抗敵英雄孫蘭峯旅長

（下）百靈廟前之慰勞代表

（上）百灵庙中之小殿（中）抗战英雄孙兰峰旅长（下）在百灵庙前合影的慰劳代表（民国26年（1937年）1月17日《汗血周刊》第8卷第3期）

被国军收复的百灵庙

被国军收复的日伪军反攻百灵庙的根据地——大庙子（即锡拉木楞召）（民国 25 年（1936 年）12 月 24 日《申报》图画特刊 233 期）

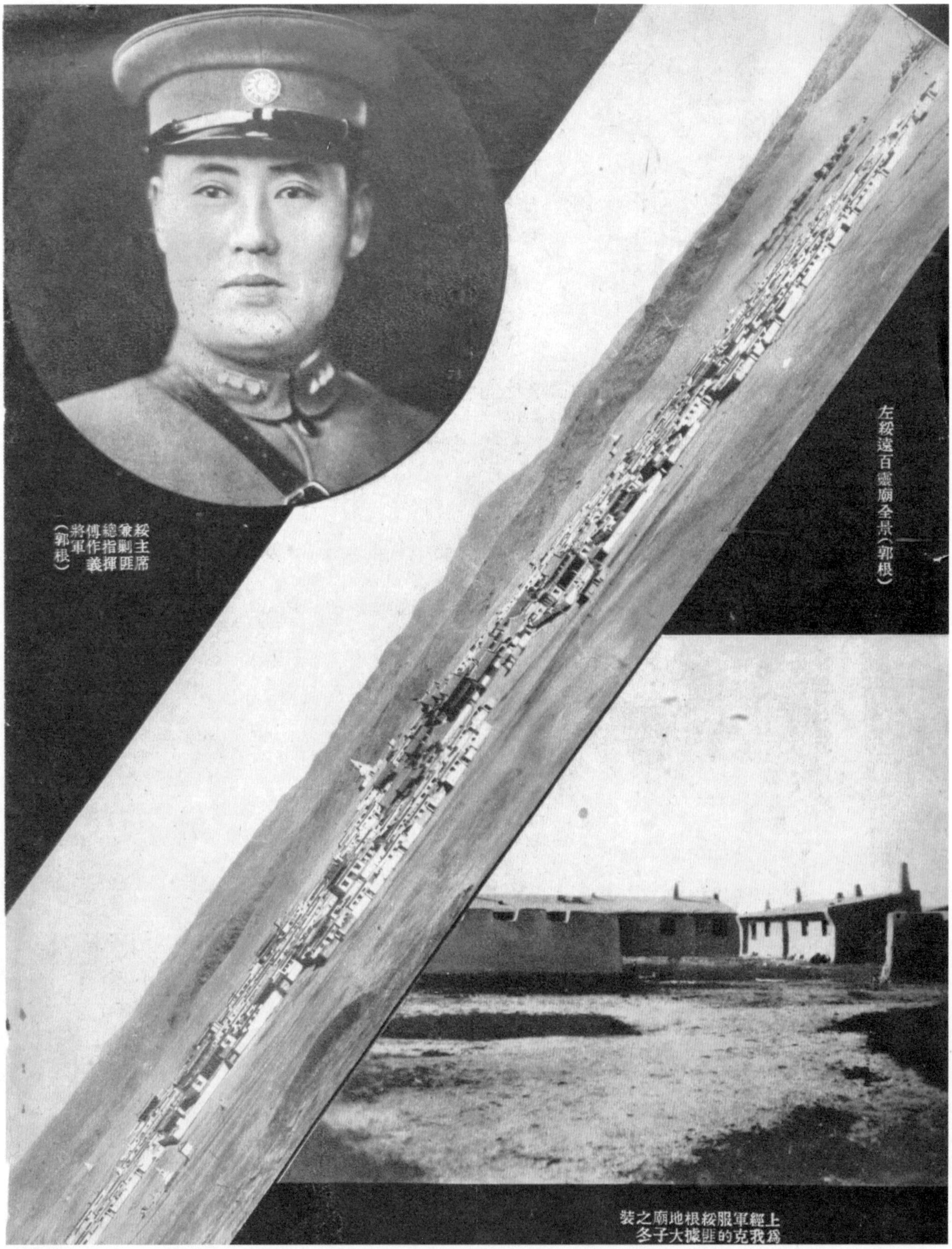

綏主席兼剿匪總指揮傅作義將軍（郭根）

左綏遠百靈廟全景（郭根）

上爲經我軍克服的綏匪根據地大廟子之冬裝

绥远省主席兼剿匪总指挥傅作义将军（民国26年（1937年）3月14日《申报》第2卷第10期每周增刊）

申報

每週增刊

中華郵政特准掛號認為新聞紙類
民國二十六年五月十六日出版

我軍最前綫之步哨

第二卷 第十九期

我军最前线之哨兵（民国26年（1937年）5月16日《申报》第2卷第90期每周增刊）

匪伪军反正师长金宪章（右）及其参谋长田耕（左）（民国25年（1936年）12月24日《申报》图画特刊233期）

策动反正之王英部旅长葛子厚（民国25年（1936年）12月24日《申报》图画特刊233期）

收复锡拉木伦庙（大庙）

日伪在红格尔图、百灵庙两次战役失败后，军心动摇，多数伪军想脱离日军控制，弃暗投明。针对这些情况，傅作义发出公告，对投诚者既往不咎，给予奖赏。王英部金宪章、石玉山两旅长见时机已到，率4000余人，在12月7日、8日两天内，将在该部的日军小兵大佐等20余人悉数处死，又将驻扎在大庙的伪蒙第七骑兵师穆克登宝2000余人全部消灭。10日，通电起义。

此二旅起义，大伤日伪锐气，更增强了我军的斗志。傅作义将军决定一鼓作气，收复大庙。遂令孙长胜的骑兵第二师开赴乌兰花及大庙待命。12月10日，国军向大庙发起进攻，守卫大庙的日伪军不堪一击，四处逃散，所留军需品全部被国军缴获。

收复大庙后，日伪军更加慌乱。12月17日，王英“大汉义军”安华亭、王子修两个旅投诚。“大汉义军”土崩瓦解。绥远抗战期间，全国各地热情支援，北平、上海等地还组织慰劳队、救护队等支援抗战。

1937年11月21日，由上海左联组织的以陈波儿为团长的上海妇女儿童慰问团及南京妇儿慰问团等到绥远慰问。

1937年3月15日，在归绥举行了绥远阵亡将士追悼大会，时任国民党“行政院长”的汪精卫和阎锡山前来参加追悼会。

抗战中的乌盟盟长四王子潘王（民国32年（1943年）10月4日《申报》图画特刊第59期）

伪蒙古—大汉义军—总司令王英（民国25年（1936年）12月6日《汗血周刊》第7卷第23期）

王英（？~1951年）

王同春三子。日本侵华期间任“大汉义军总司令”“绥西联军司令”，抗战胜利后，被国民党收编为“第十二战区骑兵司令”,1951年被我人民政府镇压于北京。

在大庙子抗战予伪军以重创的潘王即乌兰察布盟四子王旗札萨克潘迪恭札布

（民国25年（1936年）12月16日《东方杂志》第33卷第24期）

→指揮軍事之傅作義將軍（右）與趙承綬將軍（左）

傅作义将军（右）与赵承绶将军（左）（民国 25 年（1936 年）12 月 16 日《东方杂志》第 33 卷第 24 期）

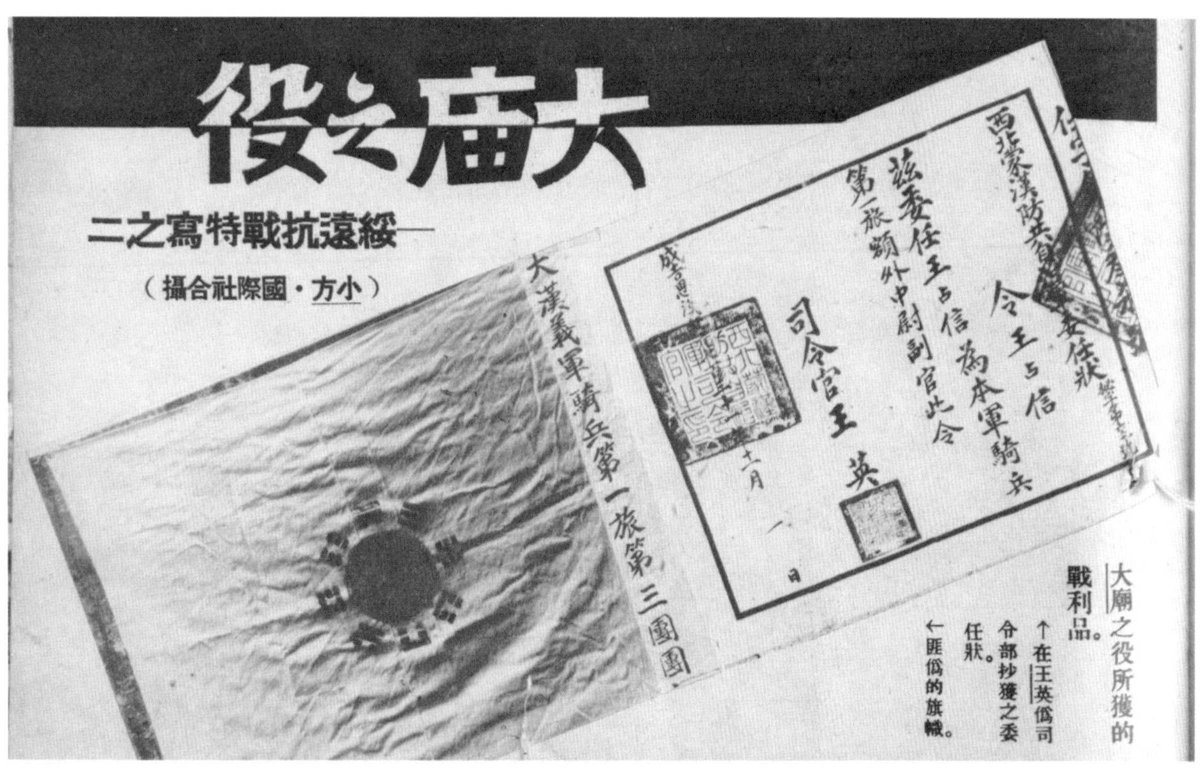

大廟之役

——綏遠抗戰特寫之二

（小方・國際社合攝）

大廟之役所獲的戰利品。

↑在王英僞司令部抄獲之委任狀。

←匪僞的旗幟。

匪伪的旗帜（左） 在王英伪司令部抄获之委任状（右）（民国26年（1937年）1月1日《东方杂志》第34卷第1期新年特刊）

国军克复大庙时搜索残匪之情形（民国 26 年（1937 年）1 月 1 日《东方杂志》第 34 卷第 1 期新年特刊）

武川前线运输军火的骆驼队（民国 26 年（1937 年）1 月 1 日《东方杂志》第 34 卷第 1 期新年特刊）

院址：八仙橋霞飛路口　電話：八一〇六二

時間：二時半　五時　七時　九時一刻　日夜開映四場

今天開映

價目：一角　二角　三角

中央電影攝影場新華影業公司合攝製戰地珍貴新聞

九大本　兩小時

精彩節目一斑

（一）綏東前線戰況
（二）蒙古騎兵出發
（三）平地泉散兵線
（四）綏境後防緊張
（五）傅將軍之生活
（六）百靈廟之情景
（七）後方病院慰勞
（八）烈士公墓慘景
（九）塞外風光一片
（十）萬里長城全景
十一　八達嶺之壯觀
十二　綏遠之賽馬場
十三　元太祖之陵墓
十四　漢明妃昭君塚
十五　綏軍出發轟炸

傅作義將軍

導前線全體將領及反正軍官上銀幕

克復百靈廟

綏遠前線新聞

民族英雄傅作義將軍之雄姿

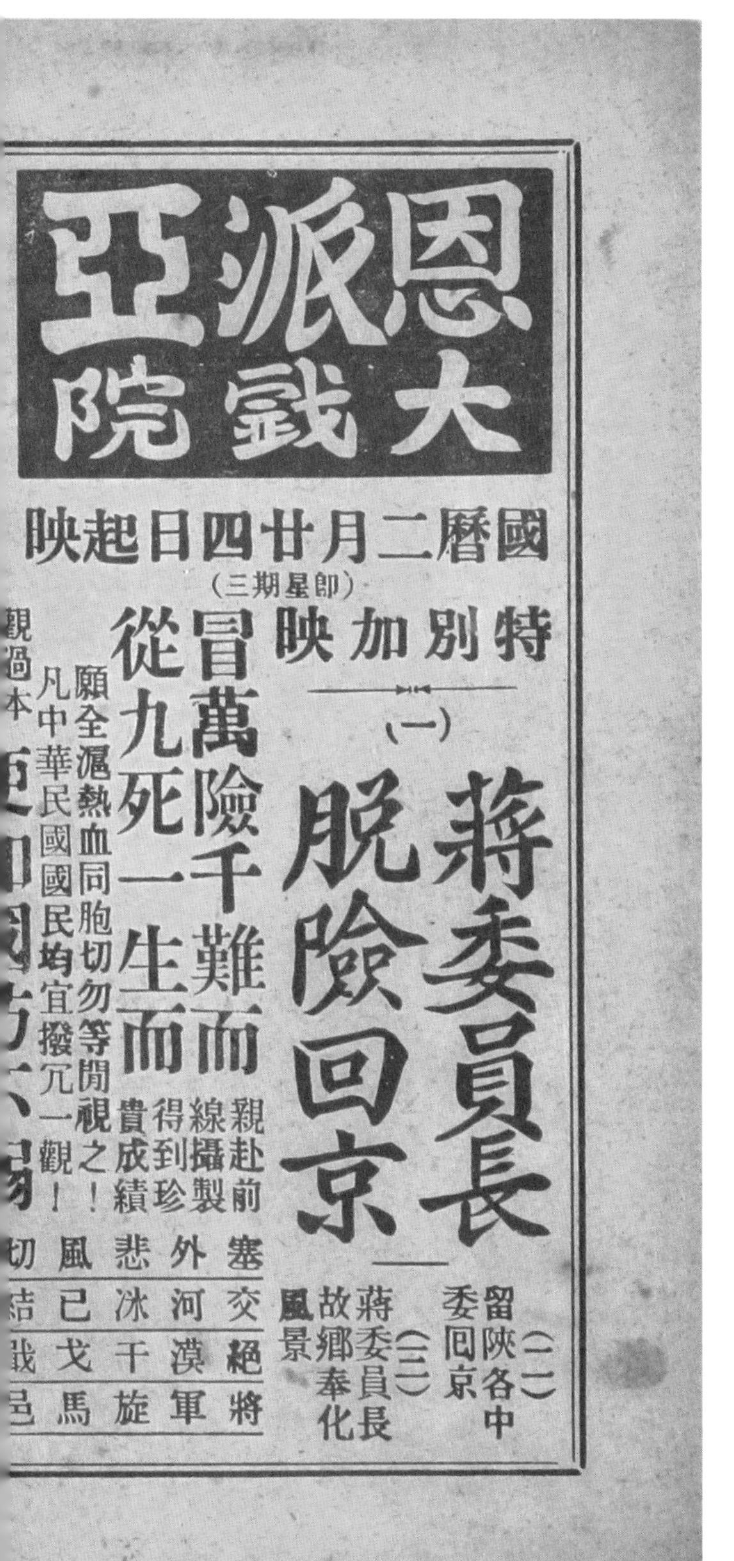

恩派亞大戲院

國曆二月廿四日起映

（即星期三）

特別加映

（一）

蔣委員長脫險回京

（二）留陝各中委回京

（三）蔣委員長故鄉奉化風景

冒萬險千難而親赴前線攝製

從九死一生而得到珍貴成績

塞外悲風切

交河冰已結

絕漠干戈戢

將軍旋馬邑

願全滬熱血同胞切勿等閒視之！

凡中華民國國民均宜撥冗一觀！

觀過本

民国25年（1936年）12月，百灵庙战役后的新闻广告

百灵庙战役胜利，毛泽东称其为“中国人民抗日先声”，蒋介石称“故百灵庙之收复，实为吾民族复兴之起点，亦即为我国家安危之关键”。战役结束后，全国各地纷纷捐款捐物，著名民主人士黄炎培率“上海各界绥远慰问团”来到绥远慰问，梅贻宝、朱自清等率清华、燕京大学代表来绥慰问，著名绥远籍电影摄影家石寄圃同上海电影摄影家薛伯青，以及电影艺术家陈波儿、张瑞芳等来绥慰问演出，并拍摄了电影纪录片《百灵庙战役》《傅作义将军》。在全国放映后，引起极大反响，激发了全国人民的抗日热情。

我于2007年12月底在上海一收藏老者处看到此件，怦然心动，当我提出购买时，其一口拒绝，我惆然归京。第二年春，我再次到上海，当说明来意后，老者依然不肯转让，我便买了一些他的藏品。这一年，我多次赴上海，通过和他交流得知此件他珍藏了数十年，缘由是他的先人曾追随傅作义将军，故他十分崇仰傅将军，从而不愿意转让此件。

2009年，我又数次到上海，多次与他说及我的绥蒙历史文献史料收藏，并谈到此件藏品对我收藏的重要性和意义，老者深为感动，于是将此件转让于我。三年数十次赴上海，终于得到这件珍贵的百灵庙抗战纪念文物，实属不易！

綏遠省政府主席傅作義氏，爲崇敬去冬綏東守土抗戰陣亡軍民之衛國精忠起見，於本月十五日假歸綏烈士公園發起追悼會，會後並於翌日舉行大規模之軍事檢閱。中央特派中政會主席汪精衛氏赴綏參加主祭，儀式隆重壯肅，圖示當時各種情景。

↑綏遠壯丁常備隊赴追悼大會——（宗亮東）

↓抗戰守土的騎兵到追悼大會去——（宗亮東）

↑汪閻二氏展墓時正風沙沸騰備極壯烈○閻×汪（宗亮東）

義民張子青傷兵張賢仰誘敵作戰有功受紀念章（中外社）←

↑到追悼會場去的途中——（中外社）

↓陣亡將士之墓——（中外社）

肃穆精诚悼国殇 绥远抗敌御侮阵亡将士追悼会影辑（一）

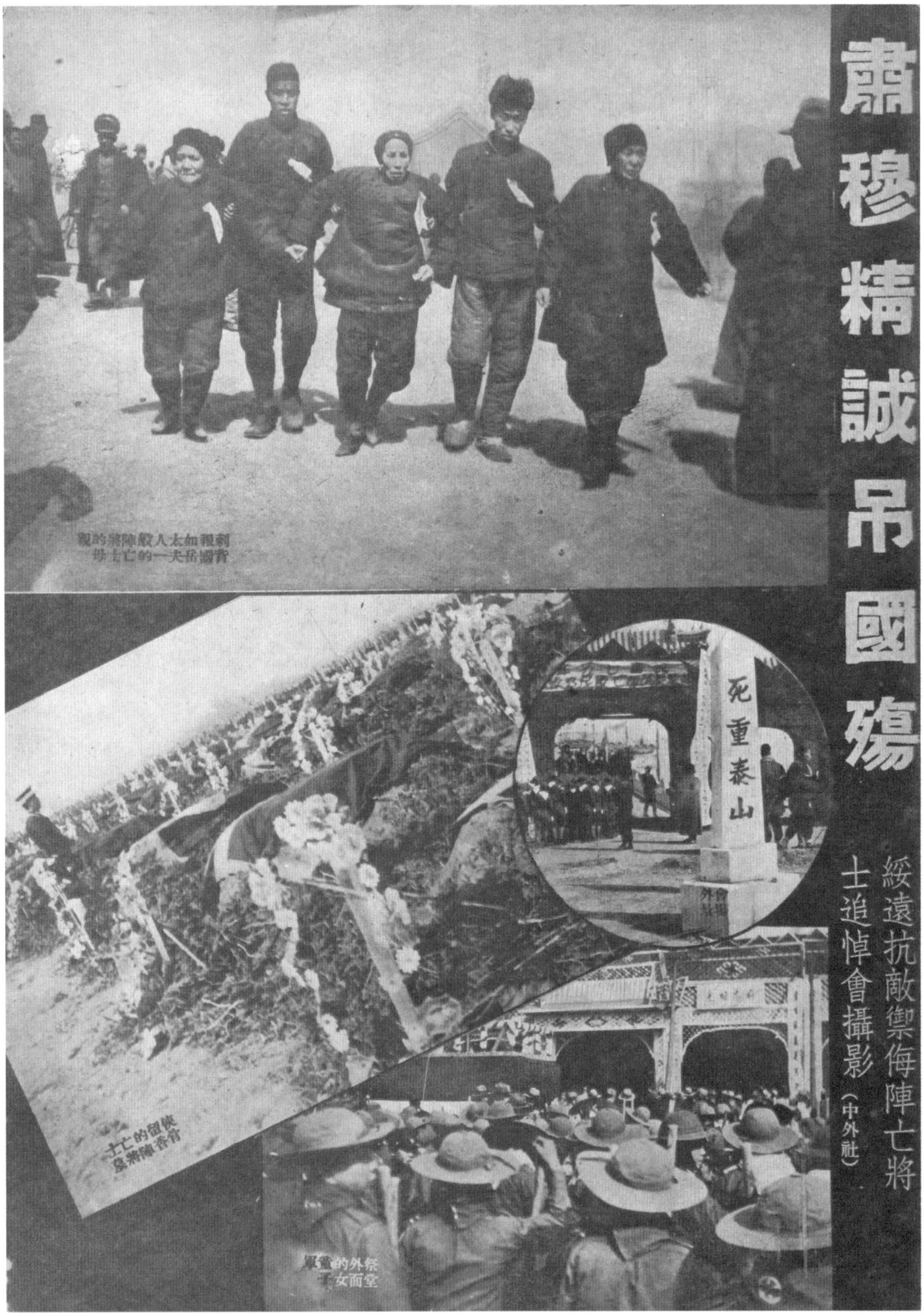

肅穆精誠吊國殤

綏遠抗敵禦侮陣亡將士追悼會攝影（中外社）

刺背報國如岳太夫人一般的陣亡將士的母親

俠骨留香的陣亡將士泉

祭堂外面的女童子軍

肃穆精诚悼国殇 绥远抗敌御侮阵亡将士追悼会影辑（二）（民国26年（1937年）3月27日《汗血周刊》第8卷第13期）

肃穆精诚悼国殇 绥远抗敌御侮阵亡将士追悼会影辑（三）（民国 26 年（1937 年）3 月 14 日《申报》第 2 卷第 10 期每周增刊）

烈士公墓

萬古不朽的民族魂。（圖爲綏遠抗敵陣亡將士遺像的一部。）

←後方病院療養中的戰士。

逕啟者逆寇跳梁敢犯國土迭
閱報章殊堪髮指吾兄德成
業已節用捐欵我亦中國一份
子也殺賊無力保國有心聊省鹹
蒼之餘冀作涓埃之補區區不腆
伏希
笑收　十齡女子孔德恭敬 十二月二十日
附國幣伍元

將士。

"爲了祖國的緣故"

——綏遠抗戰特寫之三

（楊令德・小方・）

爲了祖國，爲了民族，他們都奮不顧身的在沙場上倒了。（圖爲百靈廟一役陣亡將士的靈柩。）

→負創的戰士。

↑全國民衆紛紛送到前線的慰勞品。（圖）

←武川民衆組織民團，準備上前線殺敵。（基）

肃穆精诚悼国殇 绥远抗敌御侮阵亡将士追悼会影辑（四）
（民国26年（1937年）1月1日《东方杂志》第34卷第1期新年特刊）

傅作义将军祭奠从北平运归至绥远的长城抗战阵亡将士

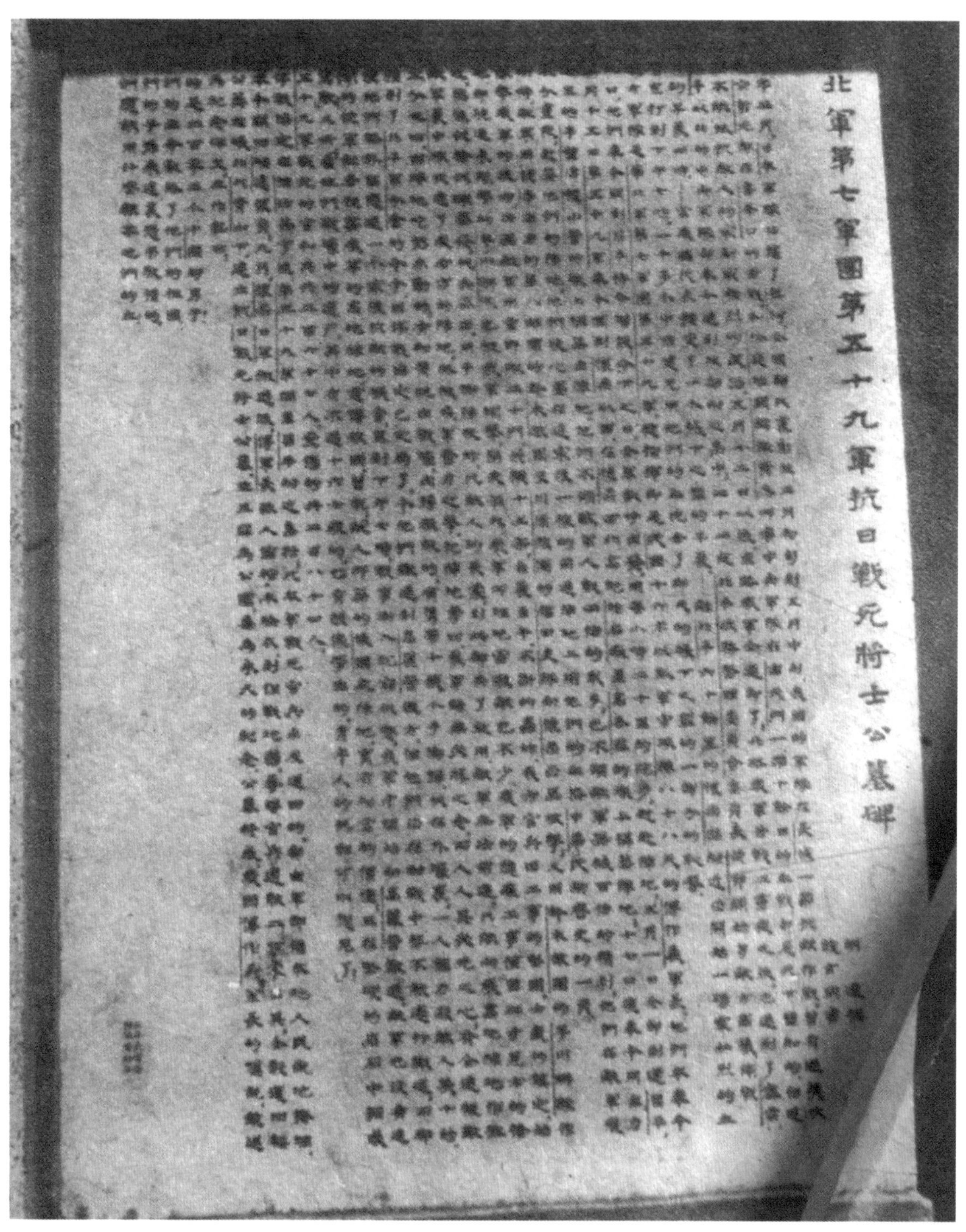

北軍第七軍團第五十九軍抗日戰死將士公墓碑

绥远烈士公园中傅作义部抗日阵亡将士纪念碑，由胡适撰文，钱玄同手书（民国25年（1936年）11月1日《东方杂志》第33卷第21期）

晋军抗日阵亡将士之运柩专车（民国 23 年（1934 年）3 月 19 日《申报》图画特刊第 1 期）

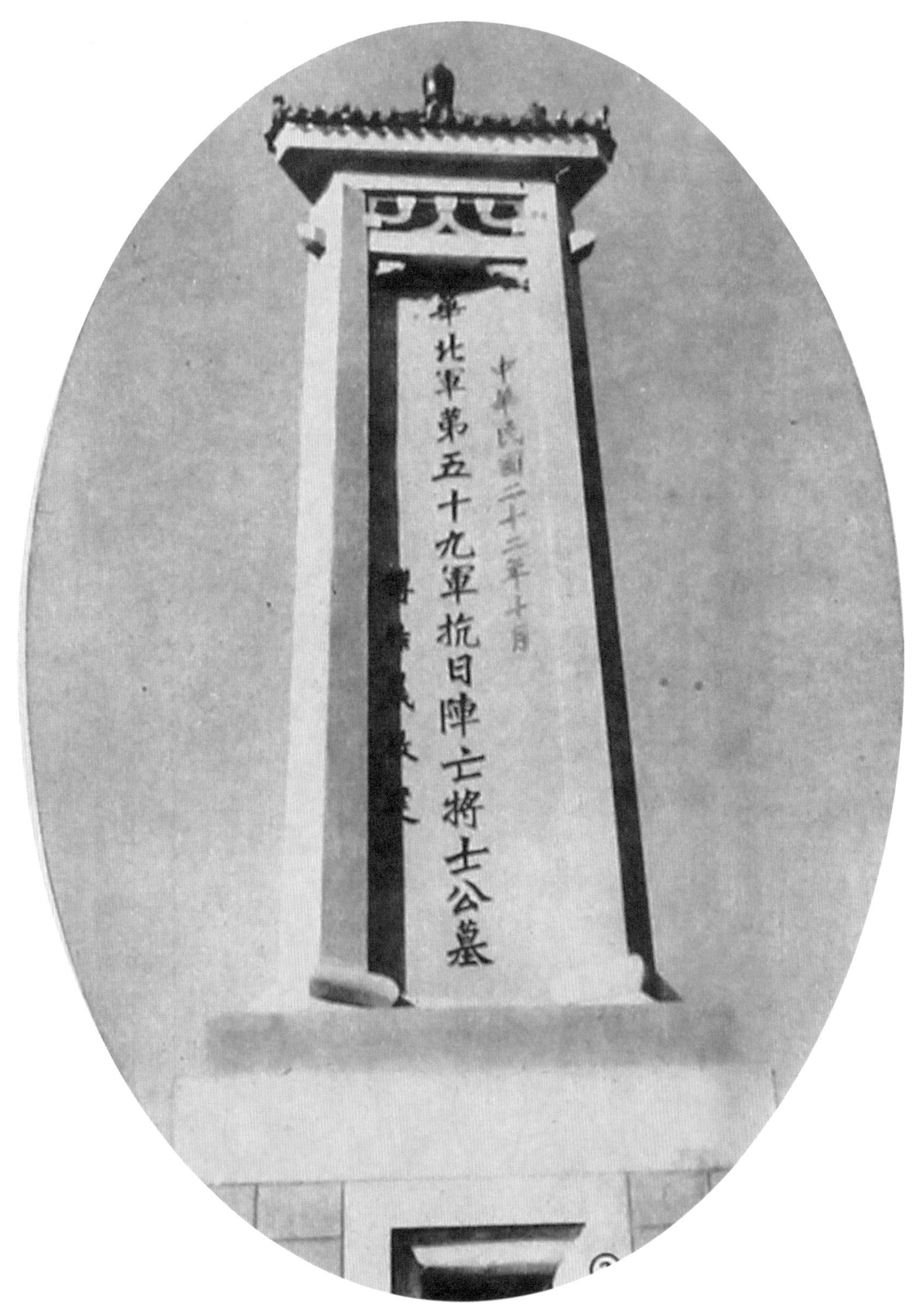

傅作义部长城抗战的阵亡将士纪念碑（民国 23 年（1934 年）11 月 5 日《申报》图画特刊第 67 期）

绥远追悼阵亡军民大会（一）（民国26年（1937年）3月25日《申报》图画特刊第245期）

绥远追悼阵亡军民大会（二）（民国 26 年（1937 年）3 月 25 日《申报》图画特刊第 245 期）

汪精卫、阎锡山在傅作义将军陪同下参加绥远阵亡将士追悼会（民国 26 年（1937 年）3 月 25 日《申报》图画特刊第 245 期）

绥远追悼阵亡军民大会（三）（民国 26 年（1937 年）3 月 25 日《申报》图画特刊第 245 期）

绥远举行阅兵大典（民国 26 年（1937 年）3 月 25 日《申报》图画特刊第 245 期）

救国成仁纪念碑（民国 26 年（1937 年）3 月 25 日《申报》图画特刊第 245 期）

全面抗战时期的绥远

全面抗战时期的绥远

“七七事变”后，日军占领平津，遂沿平绥铁路向晋北、察哈尔和绥远推进。为阻击日军，时任第2战区司令长官的阎锡山令晋军赵承绶、王靖国部开赴晋北一带布防，第2战区第7集团军总司令傅作义令其驻察哈尔、晋北、绥远的部队沿平绥线布防。其时，沿平绥线布防军队云集，有傅作义35军孙兰峰的211旅和董其武的218旅，袁庆增的国民兵6个团，新骑兵石玉山第4旅、安华亭第5旅、王子修第6旅，中央军汤恩伯部，骑7师门炳岳部，东北挺进军马占山部，傅作义指挥的晋绥军李服膺第61军、陈长捷第72师、马挺守独7旅、孙长胜骑3旅、田树梅绥西屯垦军，刘汝明第29军143师。

1937年9月13日大同沦陷。9月21日丰镇沦陷。9月23日集宁沦陷。10月2日，在德王的伪蒙军配合下，日军兵分三路进犯绥远。10月13日伪蒙军占领武川。10月14日日军占领归绥（呼和浩特市）。10月17日包头沦陷。

11月间，驻包头的日伪军相继又占领了伊克昭盟的达拉特旗、杭锦旗、鄂托克旗、准格尔旗等，并向东胜大举进犯。东胜战役使日伪惨遭失败，日寇被驱到黄河东岸，形成与绥军隔河对峙的局面。绥远除伊克昭盟及绥西的五原、临河、陕坝外，绥东、绥中领土都在日本的铁蹄之下。

日本侵占绥远后，德王于10月18日召开“第二次蒙古大会”（第一次蒙古大会，于民国25年由德王领导在乌珠穆沁旗召开，成立伪蒙军政府），强求各旗王公参加。在日本关东军参谋长东条英机及特务机关长桑原荒一郎等直接指导下，于10月27日正式开幕。参加会议的人员有各旗指定的民众代表、各旗王爷总管、各县县长、地方团体代表、各盟正、副盟长、帮办、伪蒙古军总司令、参谋长、师长及伪蒙古军政府主席、副主席、总裁委员会参事部长、主任参谋帮办助长等129人，列席者12人。这次会议决定组织伪“蒙古联盟自治政府”，推举云王为伪政府主席，德王为副主席，并宣布了伪组织的各种法规。

伪蒙政府成立后，改归绥市为“厚和市”，在原有的乌兰察布盟、伊克昭盟、锡林郭勒盟、察哈尔盟四盟外，增设巴彦塔拉盟，管辖土默特旗及绥东四旗。将伪归绥市治安维持会及伪绥远地方治安维持会解除，分别成立伪自治政府及厚和市公署。从此，绥东、绥中各盟旗县，都在伪蒙政府统治之下。

1938年4月到6月间，傅作义将军率部在和林格尔、归绥、清水河等地与日军进行了艰苦卓绝的斗争。期间，孙兰峰率211旅于1938年4月30日袭击旗下营火车站，炸毁日军供给军需的铁路、公路和桥梁等设施，有力地打击了日军的嚣张气焰，极大鼓舞了绥远各民族抗日信心。战斗结束后，傅作义率部撤出绥远，挥师攻占了偏关，转战于晋北一带。

绥远省主席傅作义将军，感于国难严重绥远又在国防最前线，故振军经武，不遗余力。于1925年，即从事国民兵的训练，总数达10万人。此图为国民兵大旗

（民国26年（1937年）10月1日《战时画报》第4期 中华图书画杂志 号外）

1939年10月，日本为了强化对“蒙疆”的统治，将“蒙疆”中分立的察南、晋北两伪自治政府与伪蒙古联盟自治政府合并，改为伪“蒙古联合自治政府”。

1939年春，傅作义将绥远省政府西迁至河套重镇陕坝。陕坝位于河套腹地，南临黄河，背靠阴山，战略位置十分重要，且盛产粮食。傅作义屯兵在此，养精蓄锐，为收复绥远做准备。傅作义将35军整编为3个师，自兼军长。董其武为101师长；孙兰峰为新31师长；袁庆荣为新32师长。另有刘春方骑兵团、刘振衡炮兵团以及绥远民团游击军两个旅。此外，归傅作义将军所辖的第八战区副长官部的有：门炳岳骑7师、徐席儒五临警备旅；马鸿奎部35师（师长马腾蛟）和骑兵旅（旅长马彦），投诚部队井得泉新骑3师，石玉山新骑4师，安华亭新5旅、王子修新6旅及一些地方部队。

傅作义所部慷慨悲歌开赴抗敌前线（民国 26 年（1937 年）10 月 1 日《战时画报》第 4 期 中华图书画杂志 号外）

日军一路越过平地泉，进攻卓资县，一路从杀虎口攻取凉城。绥南大战即将发生。图为绥远我军炮兵准备迎敌

（民国26年（1937年）10月9日《战时画报》第6期 中华图书画杂志 号外）

傅作义所部队伍齐整实力雄厚（民国 26 年（1937 年）10 月 1 日《战时画报》第 4 期 中华图书画杂志 号外）

战前的集宁（平地泉）车站（民国 26 年（1937 年）10 月 9 日《战时画报》第 6 期 中华图书画杂志 号外）

绥军强悍的骑兵部队在绥东绥南一带截击敌军（民国 26 年（1937 年）10 月 9 日《战时画报》第 6 期 中华图书画杂志 号外）

绥军精锐部队开赴前线增援（民国 26 年（1937 年）10 月 9 日《战时画报》第 6 期 中华图书画杂志 号外）

绥东最精悍的骑兵队整装出发（民国 26 年（1937 年）10 月 1 日《战时画报》第 4 期 中华图书画杂志 号外）

开赴平地泉（集宁）之炮兵队（民国26年（1937年）10月1日《战时画报》第4期 中华图书画杂志 号外）

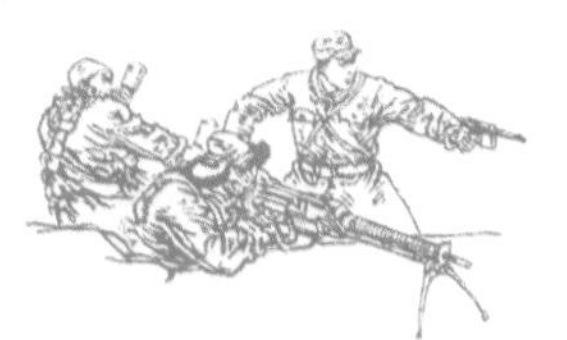

开赴前方的战士登车待发（民国 26 年（1937 年）10 月 9 日《战时画报》第 6 期 中华图书画杂志 号）

驻绥骑兵司令赵承绶将军（民国 26 年（1937 年）10 月 1 日《战时画报》第 4 期 中华图书画杂志 号外）

赵承绶（1891~1966年）

赵承绶，字印甫，山西省五台县槐荫村人，曾任晋绥军骑兵司令、军长，抗战时任晋绥军第七集团军总司令、太原绥靖公署野战军总司令等职。以勇悍闻名，晋中战役败给幼年好友徐向前，被俘后真心悔改，此后致力于和平。

中华人民共和国成立后，任中央水利电力部参事室参事、山西省政协委员。

蒙古包前的国军哨兵（民国 26 年（1937 年）10 月 1 日《战时画报》第 4 期 中华图书画杂志 号外）

绥境武川县之碉堡，出发绥南的士兵经此前进（民国26年（1937年）10月1日《战时画报》第4期 中华图书画杂志 号外）

防守平地泉（集宁）之国军精锐，后移于卓资山一带（民国26年（1937年）10月17日《战时画报》第8期 中华图画杂志号外）

绥军骑兵队（民国 26 年（1937 年）10 月 17 日《战时画报》第 8 期 中华图画杂志号外）

绥东坚固雄壮之堡垒（民国 26 年（1937 年）10 月 17 日《战时画报》第 8 期 中华图画杂志号外）

绥东军事紧张，红格尔图又陷入混乱状态（民国26年（1937年）10月17日《战时画报》第8期 中华图画杂志号外）

准备开拔支援前线（民国 26 年（1937 年）10 月 17 日《战时画报》第 8 期 中华图画杂志号外）

图为百灵庙险要处，绥军哨兵和军犬守望（民国 26 年（1937 年）10 月 21 日《战时画报》第 9 期 中华图画杂志号外）

驰骋绥东广漠之绥军骑兵（民国26年（1937年）10月21日《战时画报》第9期 中华图画杂志号外）

再度变成敌我争夺战略要地的百灵庙（民国 26 年（1937 年）10 月 21 日《战时画报》第 9 期 中华图画杂志号外）

绥军前进士兵突遇来袭敌机，迅速散伏在地上，敌机过后安全到达作战地（民国 26 年（1937 年）10 月 21 日《战时画报》第 9 期 中华图画杂志号外）

策马疾驰增援前方（民国26年（1937年）10月21日《战时画报》第9期 中华图画杂志号外）

再度被日伪军占领的百灵庙（民国 26 年（1937 年）10 月 21 日《战时画报》第 9 期 中华图画杂志号外）

1936 年 12 月，傅作义将军率军攻克百灵庙，乘胜收复大庙。大庙成为绥军最前防守线。南口之战，绥军攻克商都，石玉山旅奇袭嘉卜寺，伪蒙军德王仓皇逃跑。“七七事变”后，日军攻取平绥线，绥军从察南、晋北相继后撤。伪蒙军在日军指挥下，复攻袭嘉卜寺、大庙、及百灵庙等地，几地遂又被日军占领。

再度被日伪军占领的大庙（民国26年（1937年）10月21日《战时画报》第9期 中华图画杂志号外）

奮勇殺敵之綏軍大刀隊。

The Big Sword Corps, which effectively deals severe blow to the enemies.

奋勇杀敌之绥军大刀队（民国26年（1937年）10月25日《战时画报》第10期 中华图画杂志号外）

绥军骑兵出发远攻来袭商都的日伪军（民国 26 年（1937 年）9 月 19 日《战时画报》中华图画杂志号外）

Strong Chinese redoubt.
↓我軍據碉堡防守。

武川县城的防守碉堡（民国26年（1937年）10月21日《战时画报》第9期 中华图画杂志号外）

绥军补充队经过武川赶赴前线时情景（民国 26 年（1937 年）10 月 25 日《战时画报》第 10 期 中华图画杂志号外）

战前的武川县城（民国 26 年（1937 年）10 月 25 日《战时画报》第 10 期 中华图画杂志号外）

出击察北之绥军支帐野宿（民国 26 年（1937 年）9 月 19 日《战时画报》中华图画杂志号外）

检阅随军出发的救国队及救护车（民国26年（1937年）9月19日《战时画报》中华图画杂志号外）

包头战役

1939 年冬，日军攻陷长沙、南宁，南方形势十分严峻。国民党军事委员会为牵制华北日军南下增援，令傅作义部攻打乌拉山、大佘太一带的敌人，以缓解日寇对南方造成的压力。傅作义认为攻击这些地方，对日军构不成威胁，只有攻打日军在绥远的主要据点包头才能达到牵制日军南下的作用。

其时，日军小岛藏吉中将的骑兵团及主力一部驻扎在包头，骑兵第八旅及骑兵第十三、十四联队分别驻萨拉齐、固阳和安北。伪蒙古军的 5 个师驻扎在包头城的外围。包头城内工事坚固，日伪装备精良。

12 月中旬，傅作义作好了攻打包头的准备。令门炳岳第七师沿黄河南岸到平绥铁路萨拉齐至归绥一带破坏日军铁路运输线，伺机占领萨拉齐城，阻击增援包头之敌；令孙兰峰新三十一师及徐子珍五临警备旅于霖瑞团和一个山炮营为主攻部队，在袁庆荣新三十二师掩护下，沿包五公路向包头隐蔽前进奇袭包头城，令新三十二师和另一个山炮营，掩护攻城部队；令董其武一〇一师为总预备队，在前山红柳滩一带隐蔽，阻击从固阳、大佘太之援敌；令后山王子修新六旅，袭扰包头城外围的日伪军，阻击向包头增援之敌；令宁夏马腾蛟三十五师守卫乌镇一带。

1939 年 12 月 19 日早晨，担任主攻任务的孙兰峰新三十一师、九十一、九十二、九十三团和于霖瑞团以及一个山炮营已到达包头城北营黄草洼集结待命。当傅作义将军得知门炳岳部已破坏了萨拉齐至归绥的铁路，并与日军交火后，当机立断下令夜晚攻城。孙兰峰即命九十一团团长刘景新、绥远游击军马逢辰旅、五临警备旅于霖瑞团长分别由包头北城东西两侧登城；令九十三团安春山团长，率部向包头城东阻击敌人，掩护攻城部队。

当安春山率九十三团来到西门城门时，看到守城敌军正在酣睡，碉堡工事里也无人把守，便急令突击队登城。战士们冒着寒风，争先恐后、奋勇向上攀登，当爬上城墙时，上面只有几个伪蒙军哨兵，竟对登城的绥军说："中国人不打中国人。"在伪军哨兵的带领下，九十三团一个营部队迅速歼灭了

有关 1938 年冬的包头战役及 1940 年的绥西、五原战役，我所见到的历史文献史料原件甚少。几年前从一藏友处购得日本昭和 15 年（1940）年 3 月 15 日出版的《支那事变画报》第 34 辑中，有日军进攻五原的 10 余幅照片，对研究以上三个战役有一定参考价值，而民国 29 年（1940 年）5 月《蒙藏月报》第 11 卷第 4、5 合期中，有五原大捷，以及傅作义将军获得蒋介石颁发的青天白日勋章等相关报道 。

守卫西北门的日军，打开了城门，于霖瑞团冲进城内，熟睡的日军听到枪炮声，慌忙应战。攻城部队四面出击，将日军打得丢盔弃甲，四处溃逃。战斗分外激烈，日军伤亡惨重。绥军士气高昂，奋勇杀敌。城内百姓也赶来给绥军将士送水送饭，援助绥军。此时，包头城大部分已被绥军占领，日军被打退至绥西屯垦督办的日伪司令部大院内，负隅顽抗，等待援军。

傅作义将军亲自来到新三十一师攻城指挥部黄草洼，了解战斗情况。指示孙兰峰尽快指挥大部队进城援助城内部队，又命令袁荣庆新三十二师和董其武一〇一师火速增援。

21 日拂晓，一〇一师快速行军，赶到包头西北十公里附近时，与从大佘太和固阳前来支援包头的日军遭遇，双方展开激战，在宋海潮的炮兵配合下，全歼了这股敌人。董其武部三〇二团也歼灭了伪蒙古一个团并活捉了伪团长及 300 余伪军。

21 日晚，傅作义将军得知归绥、大同、张家口一带的日军增援部队陆续开来，觉得奇袭包头之战已胜，达到了牵制华北日寇南下的目的，遂下令撤出包头。令攻城部队先出城，新三十一、新三十二师等部队沿包五公路南北大道向五原进发，令一〇一师断后。

赶来增援包头的日军看到绥军向西转移，便出动大批战车追赶。董其武令三〇一团掩护师主力部队撤退，并利用有利地形展开游击战打击敌人， 三〇一团三营、二营与敌展开激战，日军因不熟悉地形， 处处挨打，伤亡惨重，便撤回包头。一〇一师胜利完成阻击敌军、掩护大部队撤退的任务。

包头战役经三天四夜的激烈战斗，取得重大胜利，此次战役击毙日军队长小林一男大佐和小原一明大佐以下军官二十余人、日伪军 3000 余人、俘虏伪蒙古军军长一人、伪军 300 余人、击毁汽车 100 余辆、坦克 3 辆、炸毁军火库一座、缴获各种武器、军需若干。包头战役沉重打击了日军的嚣张气焰，牵制住了晋北、察南及华北大批日军南下，缓解了南方抗战的压力。

绥西战役

1940年1月末，日军调集三万余人，千辆汽车，数量坦克，在空军的配合下，分三路大举进犯绥西。南路由小岛率骑兵团、第二混成旅团及王英的伪绥西联军经乌拉山西山嘴，马七渡口入侵；中路由黑田重德亲自率领主力第二十六师团经固阳、大佘太、从乌不浪口进犯五原；北路由伪蒙骑兵三个师，经中公旗分别进犯狼山、太阳庙，妄图把绥军围歼于河套地区。

傅作义将军对此做出了战略部署，令门炳岳骑七师，新骑四师开赴西山嘴、马七渡口阻击小岛、王英部；令马腾蛟八十一军三十五师在乌不浪口阻击黑田部；三十五师主力及董其武一〇一师埋伏在五原乌镇地区；新三十一师埋伏在万和长与乌不浪口之间，形成夹击之势。

黑田率部进攻乌不浪口，马腾蛟部顽强抵抗，但在日伪坦克、大炮的猛烈轰击下，伤亡巨大，撤退下来。日伪突破乌不浪口防线，向五原逼进。董其武率领一〇一师在折桂乡阻击敌人，日寇飞机、大炮狂轰滥炸，均遭击退。为突破防线，日伪竟使用了毒气弹。激战至黄昏，双方都伤亡巨大，日伪死亡200余人，傅作义部连长高炳让及排长等牺牲有100余人。

北路进犯的日伪军，占领乌不浪口后，兵分两路，一路被董其武的一〇一师阻击在乌镇折桂乡，另一路沿乌加河北岸进犯，行至黑石虎一带时，遭到新三十一师伏击，损失惨重。南路进犯的日伪，在宿多滩、马七渡口等地遭到门炳岳骑七师阻击，战斗异常激烈，双方均损失惨重。在这一阶段的上百次战斗中，日伪军付出了惨重代价，共死伤2100余人，被摧毁汽车100余辆、坦克5辆，被缴获战马300余匹。2月3日，日伪占领五原。

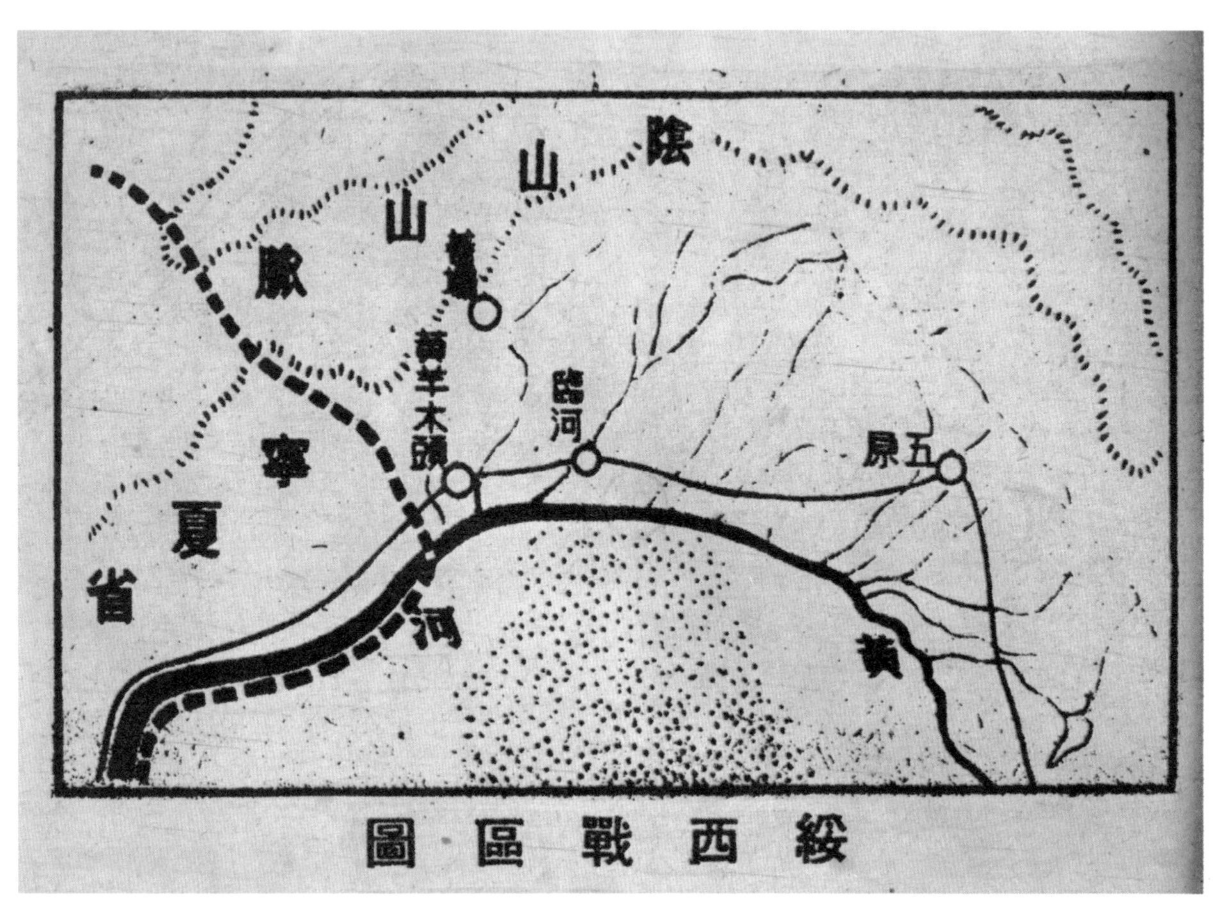

绥西战区图（1940 年 6 月《良友》第 155 辑）

五原大捷

日伪占领五原后，委任王英为“绥西自治联军”总司令，负责维持绥西治安巩固伪政权。2月下旬，黑田率主力部队依次撤离绥西，仅留日军约两个联队，六个伪蒙师，以及王英的绥西联军、宪兵、警备队特务机关等，总兵力约一万六千人据守后套。司令部及日军坐守五原城。汉奸队、伪蒙古军分置于临河、陕坝以及五原外围，并组织伪政权，妄图长期盘踞。

1940年2月25日傅作义将军在指挥部驻地亚马赖（临河县东南沙窝中的一个小村庄）召开了团以上干部军事会议，作出了收复五原的决定和作战部署。一、主力部队攻打五原城中日伪军主力；二、其他部队按各自任务对付五原外围，分头歼击各处伪蒙军。三、阻止日伪于乌加河对岸。定于3月20日发起总攻。令退守伊克昭盟的门炳岳骑七师开赴临河以南一带待命，阻击五原以西新公中的伪蒙八师；令退守宁夏的马腾蛟三十五师开赴后套，接替一〇一师和新三十二师防守丰济渠以西地区。并从新三十一师、绥远游击军和五临警备中挑选500人，组成主攻突击队。孙兰峰率领三十一师另外两个团、五临警备旅及山炮营为主攻部队，从新城西关进攻，与突击队一起攻打日伪指挥部。袁庆荣的新三十二师，进攻五原旧城及附近据点。绥远游击军、游击队与安华亭的新五旅开赴西山嘴、马七渡口一带，阻击援军和逃窜之敌。李作栋部掩伏在五原南茅庵一带，五原战役打响后，即向蛮可素一带伪军进攻，石玉山部攻打义和渠以西南牛俱之敌，堵截五原逃敌，一〇一师为机动部队，负责在乌力河一线阻击援攻。3月20日夜，攻城突击队秘密渡过义和渠，来到五原东城门，杀死日伪哨兵，攻入城内，夺取城关，一时枪声大作，弹火纷飞。酣睡中的日伪军仓惶应战。激战到深夜，绥军占领了五原小学、天主堂及敌粮库、弹药库等重要据点。次日拂晓，敌机飞临上空，盘旋低飞，因双方交战，无法分辨敌我，没有大量投弹。此时，义和渠以东日伪军被大部分歼灭，其余小股逃到王英司令部和日本特务机关，凭借坚固工事的平市官钱局及屯垦办事处等指挥据点，垂死挣扎，妄图守待援军。傅作义将军即令新三十一师副师长王雷震攻战敌司令部。王副师长下令重炮齐轰敌伪司令部，孙兰峰部新三十一师协同作战，攻克伪司令部。特务机关长桑原中佐当场毙命，水川伊夫中将及王英在混乱中逃出城外，敌军全面崩溃，四处逃散。3月22日，五原新城全部光复。

袁庆荣新三十二师在3月20日深夜进攻五原旧城，遭到红及广盛西等处伪蒙军顽强抵抗。战斗异常激烈，袁师长负伤，营长赵寿江及连长张步青阵亡，营长杨廷壁胳臂被打断，赵寿江营仅余官兵七人，仍坚持战斗。后经一〇一师三〇一团赶到援助，守敌被全部击溃。3月21日下午，五原旧城光复。

在攻打五原城的同时，董其武指挥一〇一师，在乌加河一线与敌陆、空军展开激烈战斗，消灭了乌加河守桥的敌伪，破坏了乌加河上的三座大桥，使敌伪汽车、坦克无法通行。新六旅炸开了乌拉壕大堤，滚滚河水淹没了道路。敌寇汽车、坦克陷入泥水中无法通行。日伪渡河无望，便调集数十门炮火和十余架飞机，配合轰炸，掩护步兵的橡皮船渡河，均被击退。激战三昼夜，双方伤亡巨大。

从五原城中逃出的水川伊夫等百余人，或在乌梁素海西岸被守卫的游击军及追赶的骑兵围剿捕杀，或淹死在乌梁素海中。水川伊夫及随行的日军官兵，在逃至安北县二驴湾附近时被傅作义部张汉三连击毙。

五原大捷，击毙了日本皇族水川伊夫中将，这是继八路军于1939年11月击毙日“名将之花”阿部规秀中将后的第二个中将，震动日本朝野。同时击毙的还有步兵联队大桥大佐，特务机关长桑原子一郎中佐等军官300余人、日本兵1100余人，击毙击伤伪军3000余人，俘虏1800余人，缴获各种火炮30余门、汽车50余辆、轻重机枪50余挺、步枪3000余支、毒气筒1000余个、电台两部、橡皮艇及其他军需品若干。

绥军也付出沉重代价，团长贾世海、营长赵寿江、闫梦云、冯增波、团政治部主任李冰泉及连排长30余人牺牲，共牺牲官兵679人。

五原战役取得重大胜利，举国欢庆，国民党军事委员会发电嘉奖，颁发傅作义将军青天白日勋章。

图为五原战役中日本侵略军拍摄的作战场景（此图出自日本《支那事变画报》第三十四辑）

图为五原战役中日本侵略军拍摄的作战场景（此图出自日本《支那事变画报》第三十四辑）

图为五原战役中日本侵略军拍摄的作战场景（此图出自日本《支那事变画报》第三十四辑）

图为五原战役中日本侵略军拍摄的作战场景（此图出自日本《支那事变画报》第三十四辑）

图为五原战役中日本侵略军拍摄的作战场景（此图出自日本《支那事变画报》第三十四辑）

图为五原战役中日本侵略军拍摄的作战场景（此图出自日本《支那事变画报》第三十四辑）

图为五原战役中日本侵略军拍摄的作战场景（此图出自日本《支那事变画报》第三十四辑）

绥军攻克五原城（1940 年 5 月《展望》第 14 期）

开赴前线的傅作义部屯垦军（民国25年（1936年）11月1日《东方杂志》第33卷第21期）

五原郊外绥军机枪密布（1940 年 5 月《展望》第 14 期）

绥军使用杀伤力大的新式武器（1940 年 5 月《展望》第 14 期）

每一个子弹头都射向日本侵略者（1940 年 5 月《展望》第 14 期）

战士负伤后仍顽强战斗（1940 年 5 月《展望》第 14 期）

国军炮兵大显神威（1940 年 5 月《展望》第 14 期）

国军机枪射击日军飞机（1940 年 5 月《展望》第 14 期）

五原县城垣（民国 26 年（1937 年）5 月 27 日《申报》图画特刊第 254 期）

五原县

五原县位于内蒙古西部，战国时为九原县，秦为九原郡，汉原朔二年（公元前 127 年）改为五原郡。清光绪二十九年（1903 年）设五原厅，民国元年（1912 年）改为五原县。1925 年，冯玉祥响应北伐，在五原誓师起义，曾改为“义县”。

抗日女王奇俊峰

在浩瀚的乌拉特草原上，抗日女王奇俊峰的英勇事迹广为流传。这位巾帼英雄，在中华民族到了最危险的时候，毅然摆脱日寇蒙奸的束缚，投身抗日救国的阵营，得到国人称赞，受到国民党军事委员会委员长蒋介石亲自接见并授予中将军衔（1931~1945年抗战以来，国民党授予中将军衔的女性只有两位，另一位是曾任中国航空委员会秘书长，被誉为“中国空军之母”的宋美龄）。

奇俊峰，1915年出生于内蒙古阿拉善和硕特旗定远营的一个贵族家庭，父亲德毅忱，曾被袁世凯授予辅国公爵位，但他反对封建王公制度，参加了内蒙古人民革命党，于1927年4月发动武装起义，成立了新政权——阿拉善旗政务委员会。起义失败后，在流放途中殉难。

奇俊峰，蒙古名色福勒玛，5岁时与姑母一起生活，姑母给她取汉名为奇俊峰。1934年，19岁的奇俊峰由姑母作主嫁给了乌拉特西公旗札萨克石拉布多尔吉（石王）为福晋。

乌拉特西公旗札萨克（旗长），是清顺治五年（1648年）初封谔班为札萨克镇国公，诏世袭罔替。石王为第十六任札萨克，于民国15年（1926年）继位。奇俊峰做了福晋后，目睹了西公旗上层贵族各派之间争权夺利，勾心斗角，深为西公旗的政局担忧。

1936年，石王在长期的内忧外患和征战中积劳成疾，不治而逝。

石王去世时，奇俊峰已怀有身孕。萨格都尔察布（时任东协理太吉）等人见有机可乘，便威逼奇俊峰交出旗府官印。奇俊峰断然拒绝，萨格都尔察布未能如愿，就四处散布谣言，说奇俊峰怀的孩子不是石王的，不能继承札萨克之位等，以此蛊惑人心，逼奇俊峰就范。

为了稳定西公旗混乱的局面，奇俊峰亲自到归绥拜见傅作义，寻求支持。傅作义对奇俊峰的勇气和见识十分赞赏，并以绥远省政府决议案的形式作出了旧旗官印由奇俊峰保管，全旗护路、水草、抓羊等指税收入由奇俊峰经管，护路军队由奇俊峰统领，奇俊峰所怀身孕若系男子正式承袭王位等项决定。

1937年5月，奇俊峰顺产石王遗腹子，取名阿拉坦敖其尔，汉名奇法武；10月，奇俊峰正式就任西公旗札萨克，统辖全旗政务。

1937年“七七事变”爆发后，萨格都尔察布公开投靠日寇及德王。面对如此严峻的形势，奇俊峰召开旗军政会议，明确订立四项施政纲领：（一）坚决接受绥远省政府领导；（二）团结一致，提防亲日派挑拨离间；（三）减轻百姓负担，不允许向牧民乱行摊派；（四）军队要严守纪律，严禁抢夺民财和侮辱妇女。

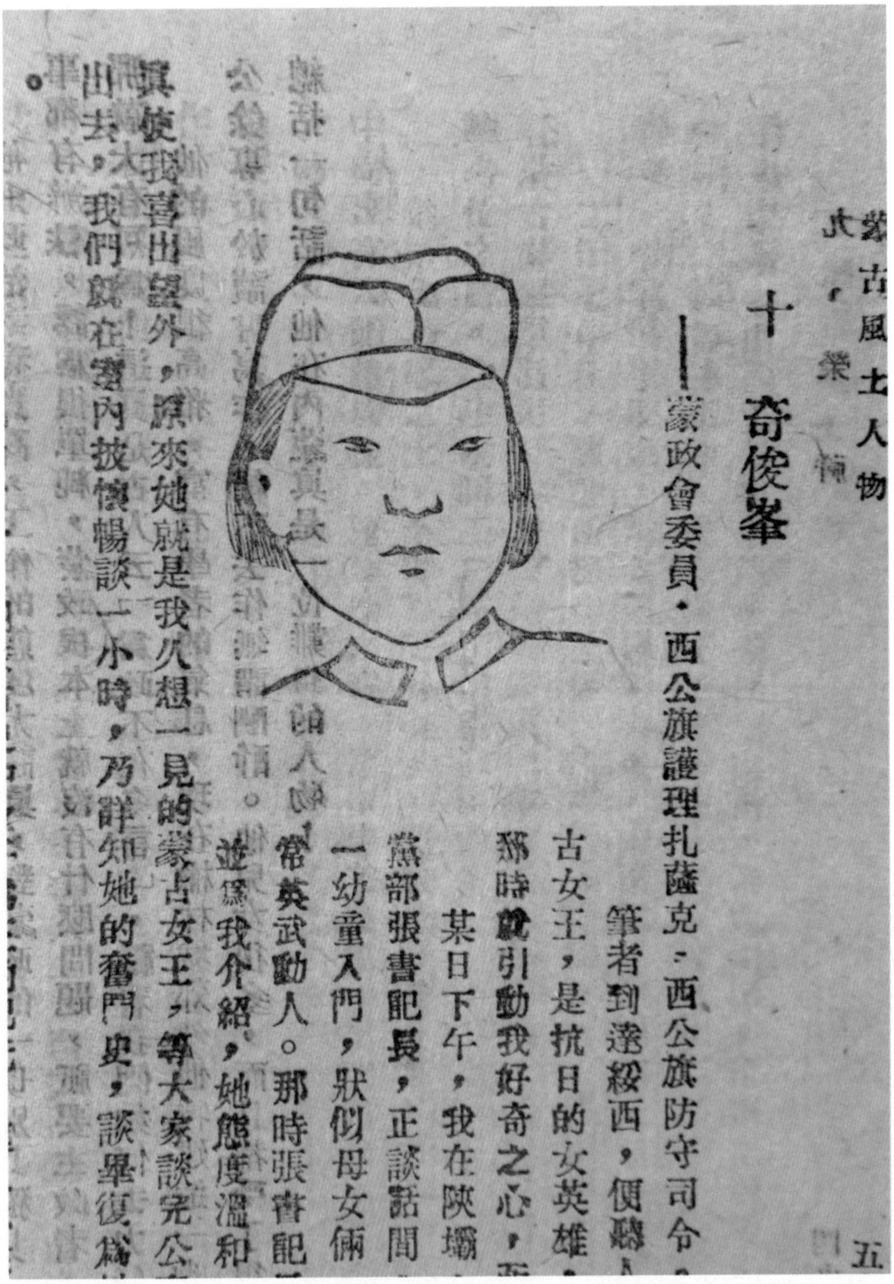

蒙古風土人物

十　奇俊峯

——蒙政會委員・西公旗護理扎薩克・西公旗防守司令。

筆者到達綏西，便聽人……古女王，是抗日的女英雄。……那時就引動我好奇之心，……

某日下午，我在陝壩……黨部張書記長，正談話間……一幼童入門，狀似母女倆……常英武動人。那時張書記……並爲我介紹，她態度溫和……眞使我喜出望外，原來她就是我久想一見的蒙古女王，等大家談完公……出去，我們就在室內披懷暢談一小時，乃詳知她的奮鬥史，談畢復爲……

抗日女王奇俊峰（民国33年（1944年）边疆问题丛书《蒙古风土人物》文通书局印制）

在我幼小的时候，便常听大人们讲述抗日女王奇俊峰的英勇事迹，很钦佩这位家乡的巾帼英雄。这促使我收藏了有关奇俊峰的文物。从电视剧《女王的抉择》，到乌拉特前旗文史资料以及巴彦淖尔志中，我对其人有了一定了解。直至我后来收藏到民国33年（1944年）10月边疆问题丛书出版的《蒙古风土人物》中，进一步了解到了一些历史的真实记载，该书作者陈国钧曾亲自采访了奇俊峰本人，写了有关她的小传。从文章中我看到了中华人民共和国成立后有关记述奇俊峰的文史资料与该书有很大出入。中华人民共和国成立后的文史资料及百度百科中提到西公旗东协理太吉额宝斋追随德王，与西公旗札萨克石王进行了多年的争斗并破坏和阻挠奇俊峰抗日，成为可耻的蒙奸。而《蒙古风土人物》中东协理太吉并非额宝斋，而是萨格都尔察布，孰是孰非，有待于史学家们去考证。

乌拉特前旗札萨克兼防守司令奇俊峰
（民国29年（1940年）5月《蒙藏月刊》第11卷4、5合期）

乌拉特中公旗护理札萨克巴云英
（民国29年（1940年）5月《蒙藏月刊》第11卷4、5合期）

1937年10月，归绥、包头相继沦陷。德王指使萨格都尔察布筹建“蒙古联盟自治政府”。为摆脱德王伪蒙政府的控制，奇俊峰与驻守五原县的国民党骑兵第六军军长门炳岳（时门炳岳部骑七师驻守五原）取得联系，表示愿率部赴五原参加抗日，门炳岳当即回复欢迎她加入抗日阵营。1938年3月3日，奇俊峰一行经过一整夜急行军，安全抵达五原县城。门炳岳亲自迎接，热情慰勉。同时将详情电报国民党中央。国民党军事委员会委员长蒋介石回电对奇俊峰的抗日壮举赞勉有加，行政院、军政部也来电慰问致贺。傅作义将军专程到五原接见奇俊峰。《中央日报》以“乌拉特西公旗石王遗孀携王子赴后套参加抗日救国，蒋委员长派员慰问”的醒目标题作了报道，称奇俊峰是“第一个从日伪占领区投向抗日阵营的蒙旗王公”。

1938年4月，军政部正式任命奇俊峰为乌拉特前旗保安司令。5月，民国党中央军事委员会又任命她为乌拉特前旗防守司令部司令，授予少将军衔，防守司令部设在五原城。

在乌拉特前旗防守司令部成立大会上，奇俊峰任命黄楚三为司令部上校参谋长，中国共产党人李隽卿为中校参谋主任，郑明全为第一团团长，郑色全为第二团团长。根据门炳岳军长的统一部署，将这两个团分别派往西山嘴以南，乌加河一

抗日女王奇俊峰（民国25年（1936年）《申报》图画特刊）

带担任防守任务。

1939年7月10日拂晓，日军集结千余人乘45辆汽车，疯狂进犯河套之门户西山嘴。奇俊峰得知消息后，部署两个团凭借对地形熟悉的优势，密切配合门炳岳部骑兵师，打击日寇。此战日军被全部击溃，损失惨重。奇俊峰出师即旗开得胜。各方面纷纷来电函祝贺。

1939年9月，国民政府蒙藏委员会任命奇俊峰为乌拉特前旗护理札萨克兼绥境蒙政会建设委员会主任，任命其子奇法武为记名札萨克。奇俊峰在乌拉特前旗三淖召开旗务大会，恢复乌拉特前旗政府。

1939年12月，傅作义部发动包头战役，奇俊峰率部配合傅部攻打驻东公旗察罕高勒庙的日伪军，歼敌100余人，有力地支持了包头战役。

奇俊峰的抗日壮举在蒙古民族中产生了很大的反响，乌拉特中公旗护理札萨克巴云英、茂明安旗齐王福晋额仁钦达赖在奇俊峰的影响下，摆脱日伪的控制，也加入了抗日的阵营。一时，草原抗日“三女王”的事迹家喻户晓。

1939年秋，门炳岳奉命调回重庆，向蒋介石汇报了绥西抗战的情况，建议蒋召见奇俊峰，将会对大后方少数民族及各界人士的抗日产生巨大鼓舞作用。蒋介石遂决定召见奇俊峰。

1939年12月20日，奇俊峰携奇法武一行20余人的述职团从陕坝起程南渡黄河，经榆林、西安，于1940年3月下旬抵达重庆。军政部长何应钦、行政院长孔祥熙、蒙藏委员会委员长白云梯等举行盛大欢迎宴会，欢迎奇俊峰一行，并高度评价了奇俊峰爱国抗战的英勇事迹。《中央日报》也在显要位置发表了“行政院、军政部、蒙藏委员会举行宴会，热烈欢迎抗战女司令奇俊峰”的报道。

6月初的一天，蒋介石、宋美龄夫妻召见了奇俊峰母子等。奇俊峰向蒋介石夫妻敬献哈达和锦旗，并汇报了自己投奔抗日阵营的情况及绥远蒙旗的抗战形势，提出四点建议：（一）对绥远蒙旗在抗战中的表现应赏罚分明；（二）派员要做好蒙汉团结工作；（三）健全绥境蒙政会管辖行政机构；（四）改善蒙旗教育，培养民族人才。蒋介石妇夫听后赞誉奇俊峰是有胆有识的蒙古族女英雄。宣布晋升为中将军衔，任命奇俊峰为乌拉特前旗防守司令部中将司令。在重庆期间，奇俊峰应宋美龄安排在妇女界做了抗日专场报告会，并到小龙桥中正中学，私立南开中学作抗日演讲，《中央日报》详尽报道了蒋介石夫妇召见奇俊峰及其在重庆期间的活动，轰动了全国。

1940年初冬，奇俊峰一行从重庆返回陕坝。对西公旗部队进行了整顿。部队扩编三个团，兵力扩充达600多人。由于对乌拉山一带的地形熟悉，奇俊峰将所属部队派往前线各部队中担任向导和侦察任务，受到傅作义将军的嘉奖。

1945年8月15日，日本军国主义宣布无条件投降。8月17日，奇俊峰率全体官兵回到乌拉特前旗旗政府所在地哈拉汗，开始掌管全旗政务。

1947年7月14日，奇俊峰带领其子奇法武等在包头处理公务时，被部下保安团团长郝游龙诱捕。7月20日奇俊峰及儿子奇法武被郝游龙部下杀害。时年32岁，一代抗日巾帼英雄惨遭杀害。7月25日《中央日报》报道：“乌兰察布盟西公旗血案，女王奇俊峰及幼子被杀，凶手为保安团长郝游龙。”一时间，西公旗血案震惊全国。

解放后，杀害奇俊峰的郝游龙以及部下田小三被人民政府依法执行了枪决。

马占山绥远抗战

统率东北骑兵的马占山司令

马占山(1885年11月30日~1950年11月29日)，吉林省公主岭人，东北军将领，曾率部抗日。1937年“七七事变”后，他被任命为东北挺进军总司令，在山西省同八路军合作抗日。

1937年全面抗战爆发后，马占山向蒋介石请缨抗战。是年8月21日，国民政府命令马占山赴大同组建东北挺进军，兼管东北四省招抚事宜，做出收复东北态势。马占山到达大同后，即着手以刘桂五将军的中央骑兵师和李大超的国民军为骨干，编组挺进军，并先后招抚和收编了大量伪蒙军，壮大了挺进军的力量。

1937年9月中旬，日军进犯绥远。挺进军骑六师刘桂五据守旗下营与敌对峙。马占山率骑一旅、蒙古军独立第一旅等部联合布防于绥远城（今呼和浩特）东十余里的大黑河一线，保卫绥远。9月28日，日军进攻旗下营，刘桂五率部奋勇抗敌，经过一昼夜激战，歼灭大量敌人。日军酒井旅团一部挟伪蒙军一部及大炮十余门，装甲车百余辆，向大黑河一线进攻。激战一昼夜，敌我伤亡惨重，挺进军仍坚守防线。次日，日军以骑兵猛攻旗下营，全线同时发生激烈战斗，敌军兵源不断增加，骑一旅伤亡过重。马占山亲临阵地督战，严令扼守。战斗异常惨烈，直到下午6时，马占山下令撤退，挺进军在夜幕掩护之下，退向毕克齐。10月3日，挺进军至包头，骑六师刘桂五部转进磴口布防。

马占山将军在绥远前线（此图出自1938年6月15日第1卷第8期《中国画报》）

对于马占山其人，过去了解甚少。2010年偶尔看到此件，从图中看到马占山将军横刀立马，奋勇杀敌，不由得肃然起敬，于是买了这本文献史料，遂有了《马占山绥远抗战》这一章。

马占山将军所部炮兵队集结待命（一）

16 日早晨，日伪军两个骑兵师携大炮 20 余门，装甲车百余辆、飞机四架，进攻磴口防地。挺进军奋力杀敌，经过一昼夜激战，由于敌我力量悬殊，磴口失守。挺进军退至包头、西山嘴一带，绥远大部分地区沦陷。

1938 年 3 月初，日军分三路包围驻扎在准格尔旗大营盘一带的挺进军。马占山率部突破日军包围圈，采取由内线作战改为外线作战的战略，沿黄河一带转战至阴山山脉，不断袭击日伪军。16 日夜，他率部奇袭河口镇。17 日晚，收复托克托城，生擒伪蒙古军骑四师团长门树槐。4 月 12 日，马占山率部由高隆渡口过黄河，向日军后方归化、武川及百灵庙挺进。10 日夜袭平绥线察素齐车站，俘虏多名伪蒙军。4 月 22 日，挺进军在黄汗干子（包头附近）渡河时，司令部遭日军侵袭，刘桂五将军率部顽强抵抗，不幸殉国。马占山不顾危险，率部返回，英勇作战，粉碎了日军全歼挺进军的企图，东北挺进军在伊盟站稳了脚跟，使保卫大西北、震敌于黄河之北成为现实。

同年 8 月下旬，马占山由重庆回陕西时，受到

马占山将军所部炮兵队集结待命（二）

中共领导人毛泽东接见，并对他的抗日行动给予高度评价。

八年抗战中，马占山率领的东北挺进军与八路军协同作战，使日军始终未渡过黄河一步，为保卫大西北和陕甘宁作出了重大贡献。

马占山部下的东北军在绥远防线上杀敌的战况

马占山部下的东北军在绥远防线上杀敌的战况

高双成抗日

高双成(1882~1945年)陕西渭南人，清宣统二年(1910年)加入中国同盟会，后在陕西镇守使井岳秀部任职。1912年后，历任国民革命军第二集团军第十九路军第二师师长，国民党陆军第八十六师第二五六旅旅长、第八十六师师长、第二十二军军长等职，抗日战争期间率部驻守陕北榆林。

1937年“七七事变”后，高双成将军奉命“集中榆林、挺进包头”，于同年10月将佳县、米脂、吴堡、绥德、青涧五县连同安定县防务移交八路军留守部队接管。1938年5月，第八十六师扩编成第二十二军，高双成任军长，后任晋陕绥联防司令部副总司令。整个抗日战争期间，第二十二军扼守绥远伊盟和陕西府谷、神木河防，与进犯的日军及蒙奸德王、李守信、王英组织的蒙汉西北防共自治军、大汉义军作战数十次，给予日、伪军沉重打击，有效阻止了日、伪军对黄河防线的侵犯，粉碎了日军妄图控制伊盟、进占大西北的企图。

图为日伪军制作的漫画，宣扬高双成部队被击溃，用来蛊惑人心，蒙蔽人民。

鄂尔格逊战役

1944年2月，傅作义将军令时任暂编第三军副军长的王雷震指挥所属部队奇袭鄂尔格逊之日伪军，给予日伪军以沉重打击。此战役之胜利，鼓舞了绥远抗战将士的士气。国民党军事委员会委员长蒋介石颁发了陆海空奖章——干城乙种一等奖章。

鄂尔格逊在民国时期很有名，许多地图都标注此地，今属包头市东河区。

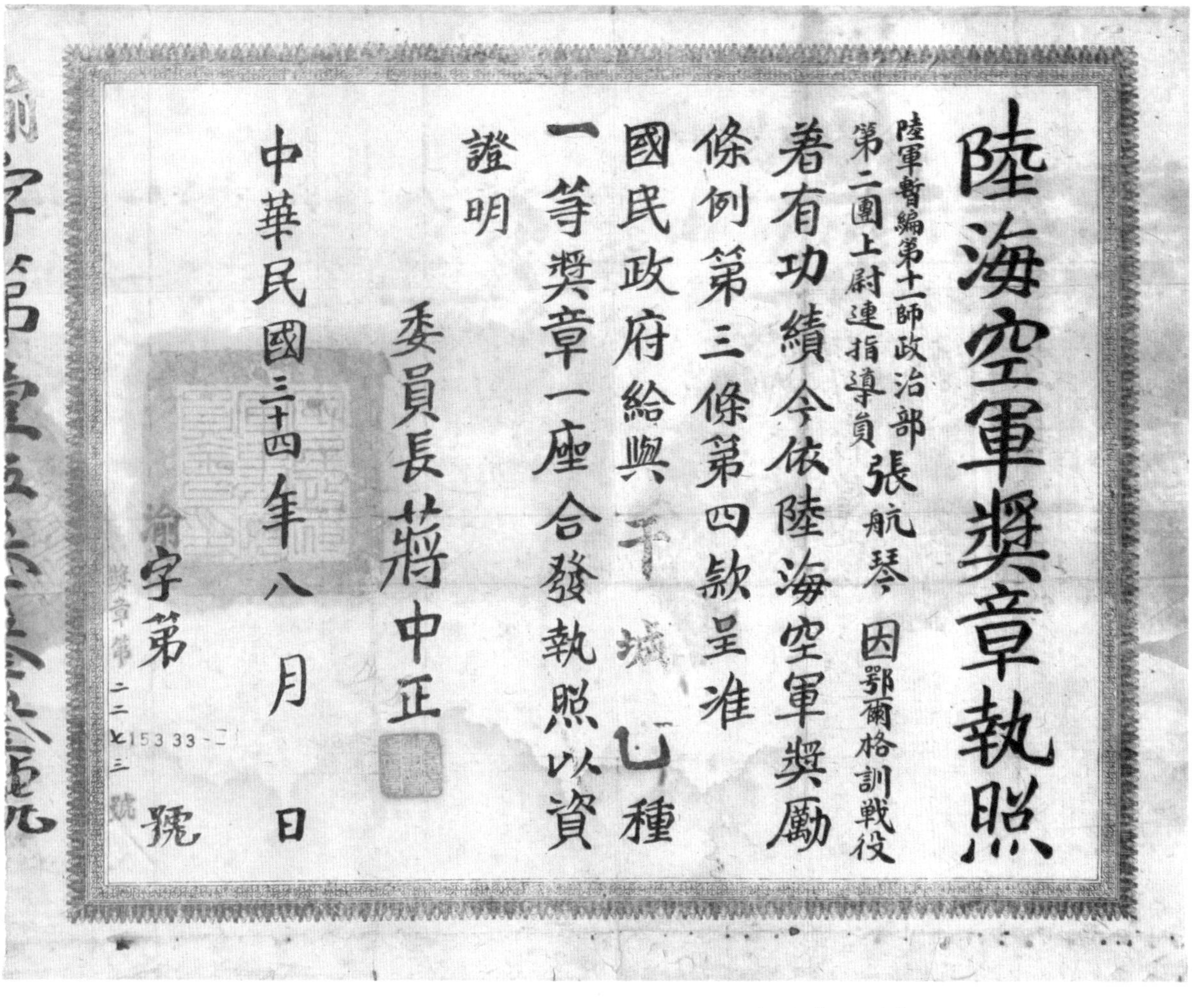

陸海空軍獎章執照

陸軍暫編第十一師政治部第二團上尉連指導員張航琴 因鄂爾格訓戰役着有功績今依陸海空軍獎勵條例第三條第四款呈准國民政府給與干城乙種一等獎章一座合發執照以資證明

委員長蔣中正

中華民國三十四年八月 日

渝字第 號

民国三十四年（1945年），蒋介石颁发的陆海空军奖章执照

《今日的绥远》

由丁君匋编，傅作义将军作序、上海三江书店于1937年9月出版。此书详细介绍了绥远的历史沿革、概述，着重介绍了红格尔图、百灵庙战役，是研究绥远抗战的重要文献。

《国防前线的绥远》

作者叶秋，1937年由生活书店出版发行。此书全面介绍了绥远的自然环境、历史沿革、重要城市、人口状况、文化习俗、蒙旗组织、资源产业、商业和运输业等。

西线的血戰

《西线的血战》

1937 年出版，抗日报告文学选辑之一，长江等著，本书介绍了“七七事变”后日本侵略者进攻察绥，我军民奋力抗战的英勇事迹。分为日军急攻察绥、张家口失守、商都重光、察哈尔陷落、今日的绥东、察南退出记等章节。

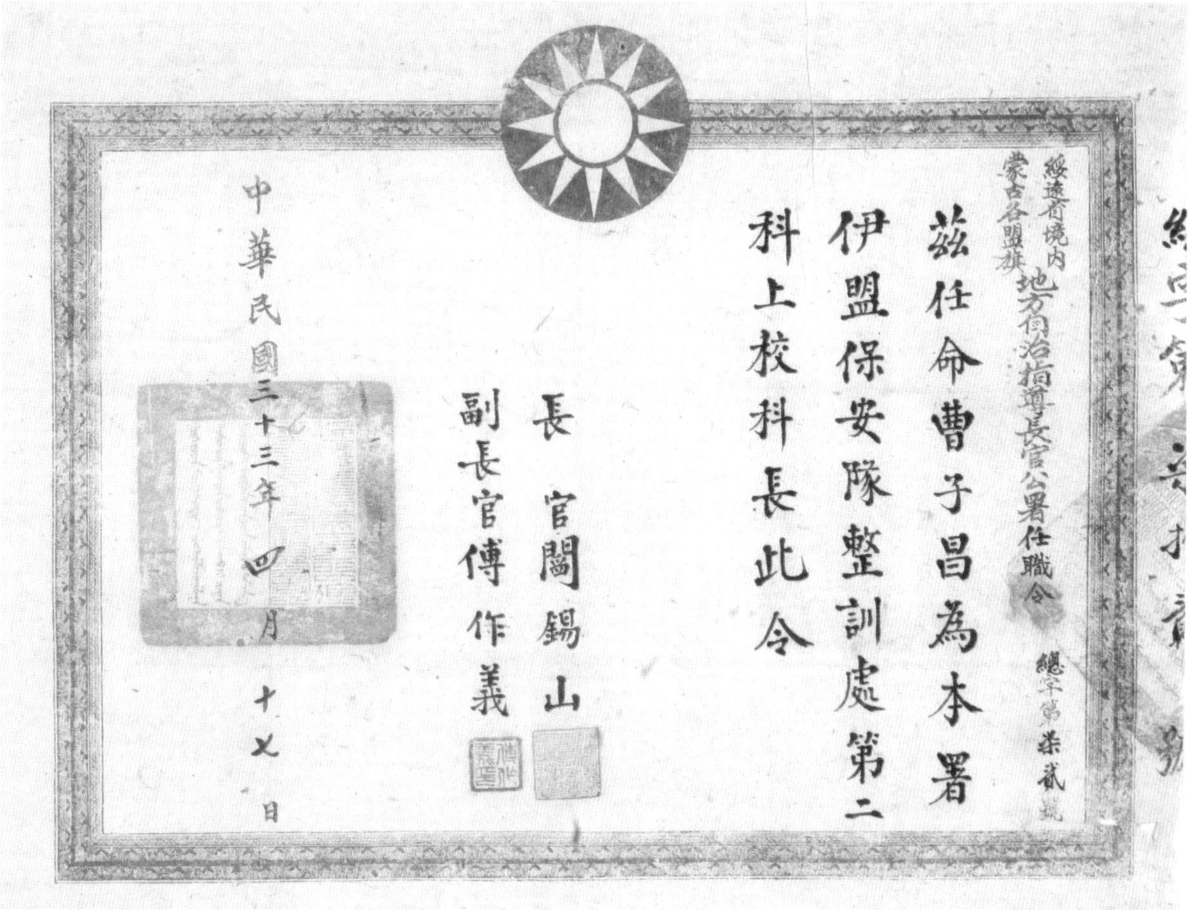

綏遠省境內蒙古各盟旗地方自治指導長官公署任職令

總字第柒貳號

茲任命曹子昌為本署伊盟保安隊整訓處第二科上校科長此令

長官 閻錫山

副長官 傅作義

中華民國三十三年四月十七日

民国 33 年（1944 年）阎锡山、傅作义颁发的绥蒙地方自治指导长官公署委任状

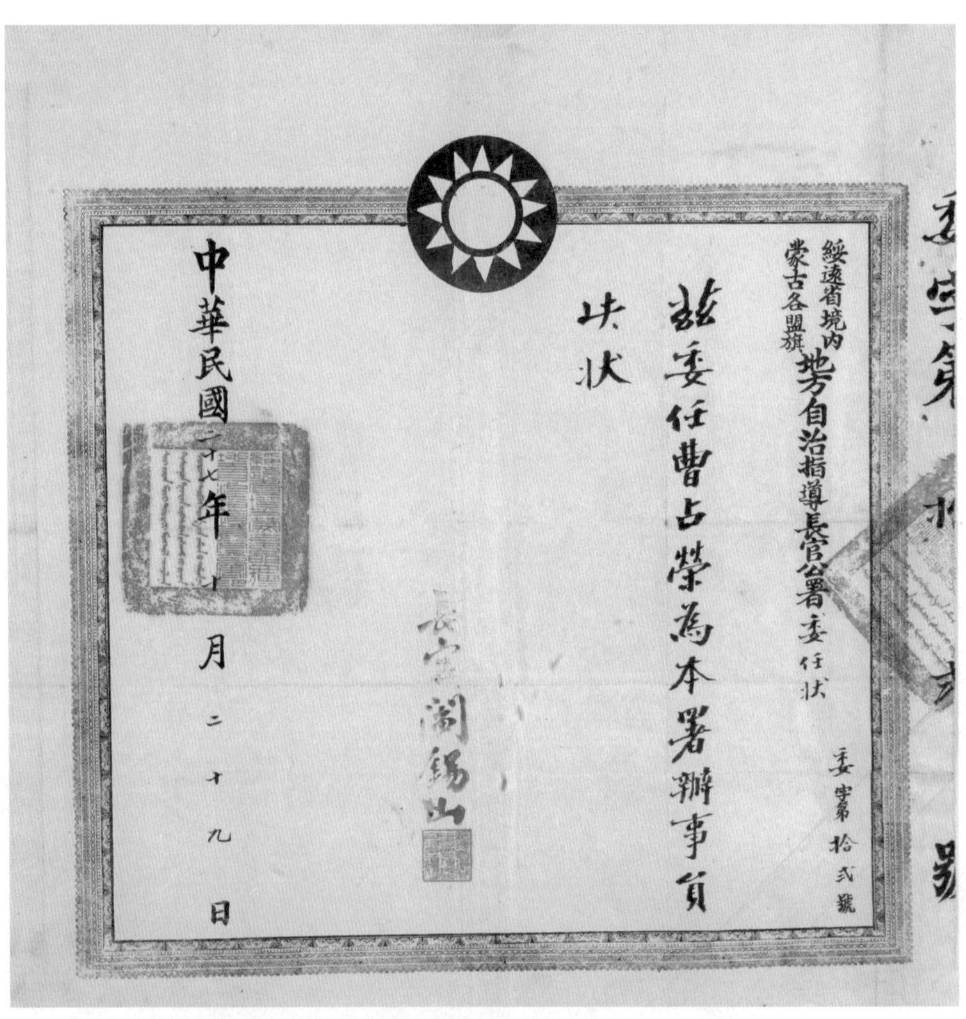

綏遠省境內蒙古各盟旗地方自治指導長官公署委任狀

委字第拾弍號

茲委任曹占榮為本署辦事員

此狀

長官閻錫山

中華民國二十七年 月 二十九日

民国 27 年（1938 年）阎锡山颁发的绥蒙地方自治指导长官公署委任狀

綏遠省境內蒙古各盟旗地方自治指導長官公署任命狀

任字第伍號

茲任命曾占榮為蒙古游擊軍第二區司令部中校副官長

此狀

副長官

中華民國三十一年元月十四日

民国 31 年（1942 年）阎锡山颁发的绥蒙地方自治指导长官公署委任状

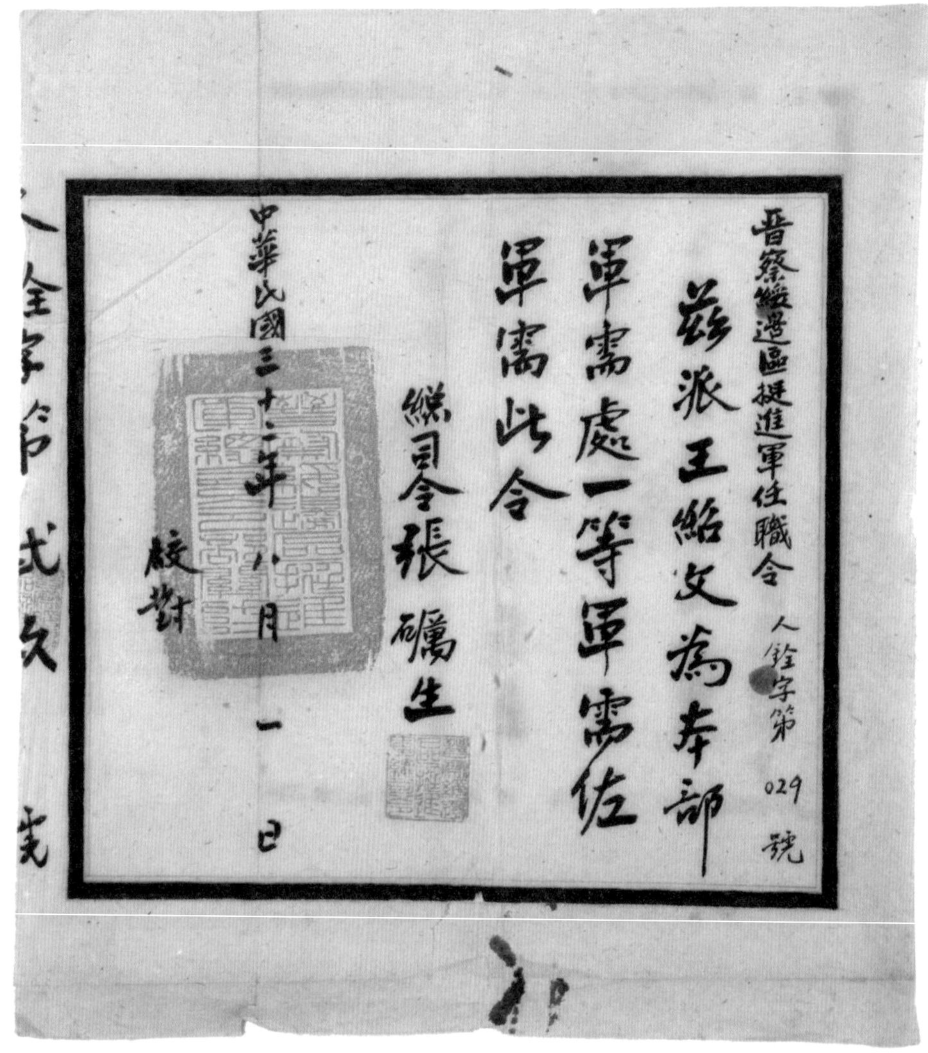

晉察綏邊區挺進軍任職令

人銓字第029號

茲派王紹文為本部

軍需處一等軍需佐

軍需此令

總司令張礪生

中華民國三十二年八月一日

校對

民国32年（1943年）晋察绥边区挺进军任职令

张砺生（1888~1975年）

原名张秉义，张家口人。1910年参加同盟会。

1917年8月任护法军直隶招讨使第1路司令，参加护法战争，1921年任察哈尔都统使署参议，1927年任热察招讨使兼山西骑兵第11师师长，1928年5月任察哈尔特别区代都统，同年夏任国民革命军第1集团军骑兵第2师师长，1930年4月任津浦路护路司令兼蚌埠警备司令，6月任讨逆军骑兵集团军总指挥，随蒋介石参加中原大战，1932年4月任军事委员会中将参议，1933年5月任察哈尔民众抗日同盟军张家口卫戍司令部副司令，6月任察哈尔民众抗日同盟军军事委员会委员兼自卫军军长，1938年10月任察哈尔省政府代主席兼察哈尔游击司令，1941年2月任晋察绥边区挺进军总司令，1946年10月任察哈尔省政府委员兼察哈尔省军管区司令。

1949年1月在北平参加起义。1949年9月，张砺生参加了中国人民政治协商会议，并出席了开国大典。

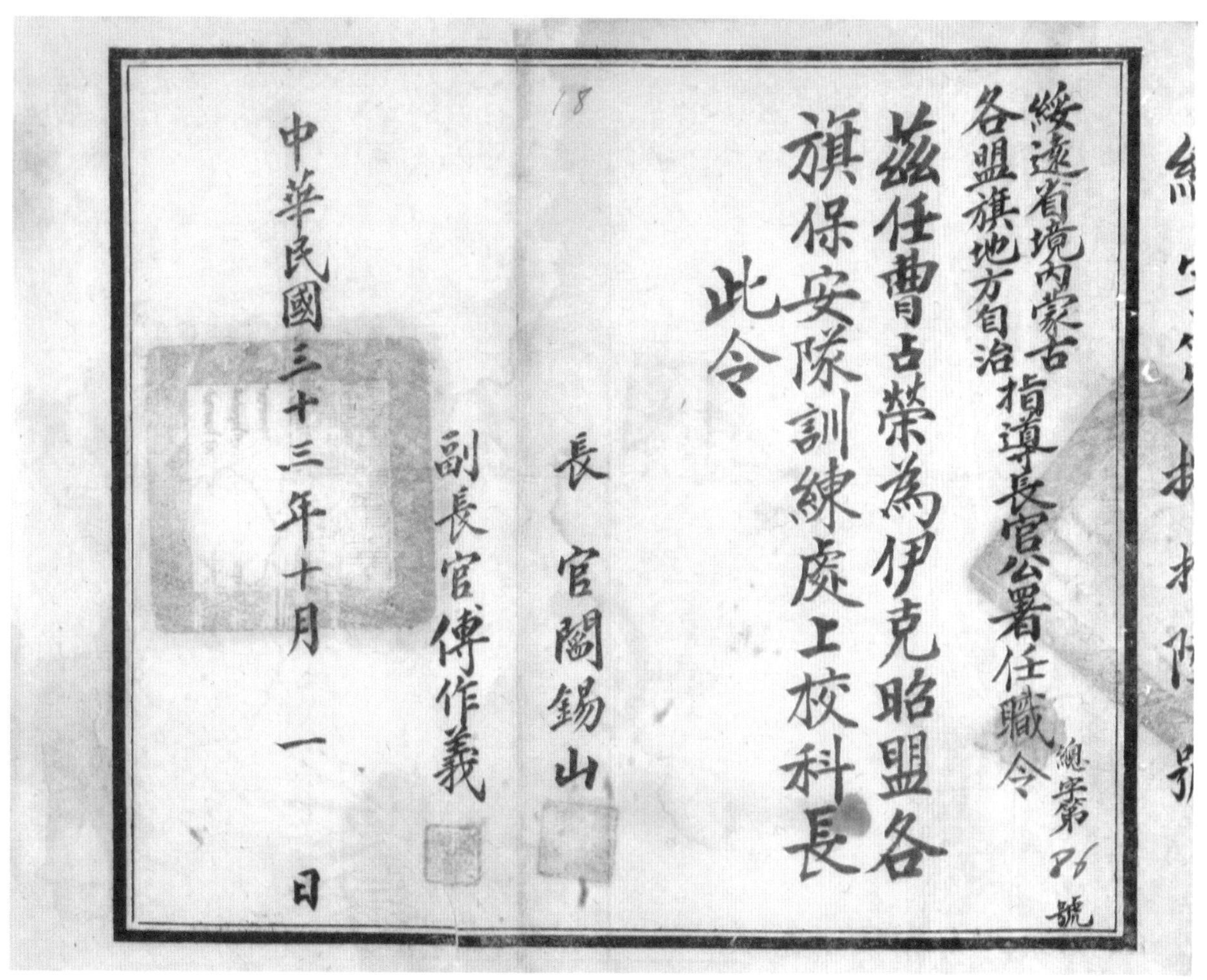
綏遠省境內蒙古各盟旗地方自治指導長官公署任職令 總字第86號

茲任曹占榮爲伊克昭盟各旗保安隊訓練處上校科長

此令

長官閻錫山

副長官傅作義

中華民國三十三年十月一日

民国33年（1944年）阎锡山、傅作义颁发的绥蒙地方自治指导长官公署委任状

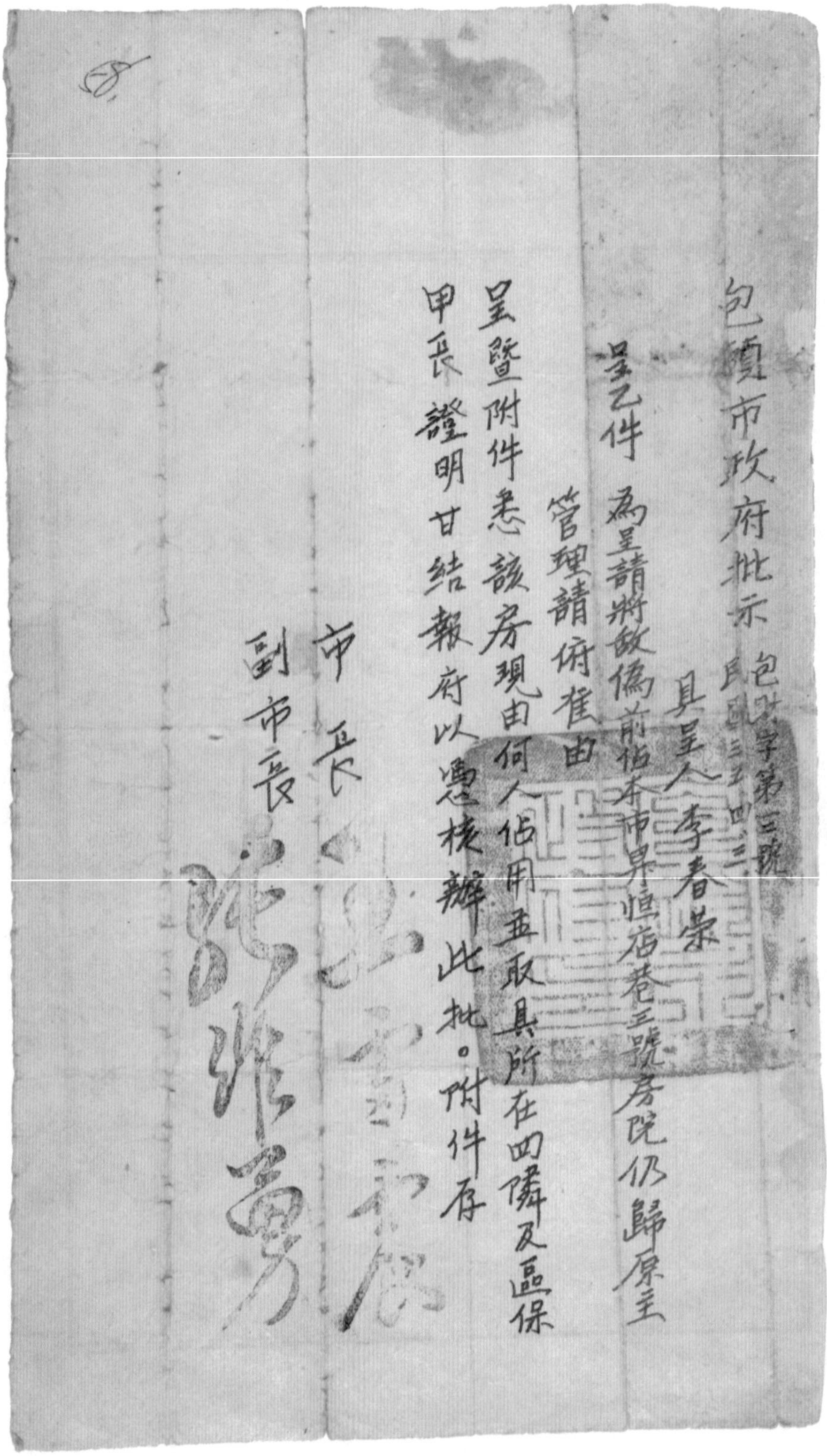

包頭市政府批示　包財字第三號
民國三五、四、三
具呈人　李春榮
呈乙件　為呈請將敵偽前佔本市昇恒店巷三號房院仍歸原主
管理請府准由
呈暨附件悉該房現由何人佔用並取具所在四隣及區保
甲長證明甘結報府以憑核辦此批。附件存
市長
副市長

民国 35 年（1946 年）4 月 3 日，包头市政府关于归还敌伪时期占用房屋的批示

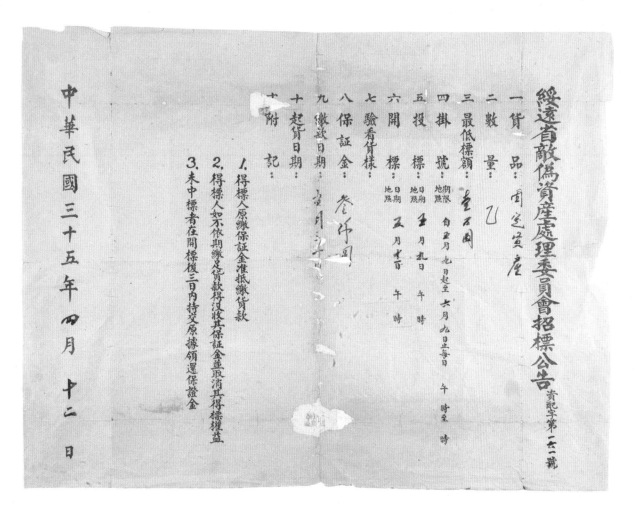

綏遠省敵偽資產處理委員會招標公告

資配字第一六一號

一 貨　品：[illegible]
二 數　量：[illegible]
三 最低標額：[illegible]
四 掛　號：期限 自五月九日起至六月九日止每日　午　時至　時　地點
五 投　標：日期 五月廿日　午　時　地點
六 開　標：日期 五月廿二日　午　時　地點
七 驗看貨樣：
八 保証金：[illegible]
九 繳款日期：[illegible]
十 起貨日期：
十一 附　記：

1. 得標人原繳保証金准抵繳貨款
2. 得標人如不依期繳足貨款得沒收其保証金並取消其得標權益
3. 未中標者在開標後三日內持交原據領還保證金

中華民國三十五年四月十二日

民国 35 年（1946 年）4 月 12 日　绥远省敌伪资产处理委员会招标公告

抗战

援绥运动

CAOZHIGAOSUIMENGLISHIZILIAOSHOUCANGXILIECONGSHUSUIYUANKANGZHAN

绥远抗战与援绥运动

1936年1月，日本侵略者加紧了对绥远地区的侵略步伐。5月12日，在日本侵略者的操纵下，成立了以德王为首的傀儡政权“蒙古军政府”，组成了2个军8个师近万人的伪蒙古军，另外还以汉奸王英的土匪武装为基础成立了“大汉义军”，还有以王道一为总司令的西北防共自治军，加紧备战。8月14日，毛泽东致信绥远省主席傅作义，敦请其抗日。日本侵略者以察哈尔为基地，在作了一系列准备之后，便发动了侵绥战争。绥远省主席傅作义将军不为日军阴谋拉拢所动，在中国共产党抗日救国主张的感召下，在全国人民抗日怒潮的影响推动下，率部奋起反击，毅然发动了绥远抗战。

绥远位居祖国北疆，战略地位十分重要。1936年，由于蒋介石继续推行“攘外必先安内”的政策，使察哈尔省不战而陷入敌手。面对侵略者的嚣张气焰，傅作义将军认真进行了军事部署，制定了对敌战略战术，鼓励官兵同仇敌忾，树立必胜的信心和决心。

1936年11月12日，日军命令王英为前敌总指挥，率2个骑兵旅、1个步兵旅和2个炮兵连，向红格尔图进犯，并用3架日机轮番轰炸。当时驻防红格尔图的国民党军队仅有1个步兵连和2个骑兵连，以及察哈尔正黄旗蒙古骑兵和当地自卫队百余人。13日夜，日伪军向红格尔图发起猛烈进攻，双方激战终夜，至14日上午将日伪军击退。15日，日伪军千余人在飞机、大炮的掩护下再度进攻，又被国民党守军击退。当日，国民党增援部队赶到，士气为之大振。国民党守军在蒙汉人民群众的大力支持下不畏强敌，奋勇抗击，连续击退敌人的多次冲锋。正当激战时，傅作义将军亲往集宁前线指挥。18日，国民党军队全线反击，包抄了敌指挥部，日伪军全线崩溃。红格尔图战役激战7昼夜，毙伤敌军数百名，俘虏敌军300余人，缴获汽车数辆，大车数十辆以及电台等其它物资。

百灵庙距归绥约170公里，是绥远北部宗教、交通要地，庙宇建筑宏伟，地势险要，历来属兵家必争之地。红格尔图战役后，日、伪、蒙军固守百灵庙并积极备战，企图以百灵庙为依托向绥北各地进犯。

11月22日，傅作义将军得到情报，日伪军将于23日动用100多辆汽车，运送大批武器、弹药和2000兵力至百灵庙，24日再增加5000兵力，企图由北面进犯归绥。根据这一重要情报，傅作义将军立即召开军事会议，研究制定收复百灵庙的行动计划，任命孙长胜、孙兰峰为前敌总、副指挥。23日夜，经过周密部署的绥军向百灵庙的日伪军发起攻击。经过9个小时的激战，于24日上午全歼守敌，收复了百灵庙。此役毙敌300余人，伤敌600余人，俘敌400余人，缴获炮9门、枪600余支、电台3部、汽油500多桶、粮食2万袋，以及其他各类军用器材、战马和大量弹药等。傅作义部伤亡300余人。

此次战役后，日伪军不甘失败，经常派飞机侦察、轰炸。12月3日，日本特务机关长盛岛角芳携王英"大汉义军"副司令雷中田率日伪军4000余人由大庙再犯百灵庙。傅作义命令孙兰峰率部奋起反击，经过3个多小时的激战，毙伤日伪军500余人，俘敌200余人，并将伪副司令雷中田击毙，百灵庙战役再度告捷。

红格尔图、百灵庙战役后，伪军阵营一片慌恐，军心动摇，多数人想弃暗投明。此时，傅作义也发出公告，晓以大义，欢迎投诚，并且悬以重赏，条件是必须捕杀军中所有日寇顾问。12月7、8日，"大汉义军"石玉山、金宪章率部4000余人杀死日军顾问小滨大佐等20余人，消灭了大庙伪蒙军穆克登宝残部2000余人，缴其全部军备，于9日正式通电起义。针对这一有利形势，傅作义下令一举收复日伪在绥远的最后巢穴大庙，彻底肃清大青山以北残敌。10日，傅作义下令向驻扎在大庙的日伪军发起攻击，日伪军一击即溃，所有辎重、弹药及军用品全被缴获。17日，"大汉义军"安华亭、王子修率两旅起义。至此，"大汉义军"基本瓦解。日伪军残余全部退往察北，绥远抗战宣告胜利。

绥远抗战胜利后，极大地鼓舞了全国人民的抗日热情，各地各界纷纷来电祝贺。1936年12月1日，中共中央和中华苏维埃共和国中央政府发出《关于绥远抗战通电》，号召全国人民援绥抗战，同时宣布红军准备立即开赴晋绥抗日前线。毛泽东称誉绥远抗战为"全国抗战之先声"。不久，中共中央派专人携带"为国御侮"的锦旗，来绥远慰问抗日将士。自11月中旬以来，全国各地掀起援绥运动，上海等地组织救护队、慰劳队、义勇军等赴前线参加抗战。北京、天津、太原等地的学生为绥远将士赶制棉衣，并赴前线救护伤员。上海、山西等地组织慰问团赴绥演出。文化界、新闻记者也纷纷来绥慰问抗日将士，演出抗日救亡剧目，报道绥远抗战实况。全国各阶层人士自动捐款捐物，慰问支援抗日将士。抗战爱国热情空前高涨。

1937年3月15日，在归绥大青山下的烈士公园举行了"绥远抗战阵亡将士追悼大会"，参加大会的有各族军民3万余人。国民党中政会主席汪精卫、太原绥靖公署主任阎锡山等出席了大会。文艺界著名人士和各地学生代表等也参加了大会。傅作义主持大会并致悼词。他在悼词中说："这次绥远抗战，敌炮摧残你们的肢体，毒瓦斯遏止你们的呼吸，再加风雪严寒擘裂你们的肌肤。但是凭你们热血的沸腾，终于战胜一切，完成了使命；尽了军人守土的责任；保证绥远领土完整；恢复已丧失的民族自信心……"17日，在归绥市小校场举行了隆重的阅兵式，使各界人士为之振奋。

绥远抗战具有重要的军事意义和深远的政治影响，反映了全国人民的愿望，打破了国民党反动派压制广大民众抗日要求而形成的沉闷局面，激励起人民坚决抗日的斗志，体现了只有坚决抗战才能制止侵略的真理，为以后的全面抗战起到了积极的推动和促进作用。

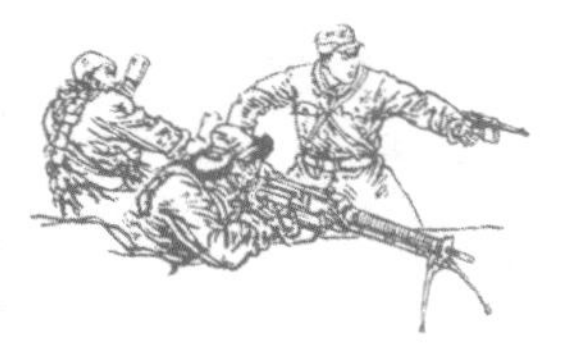

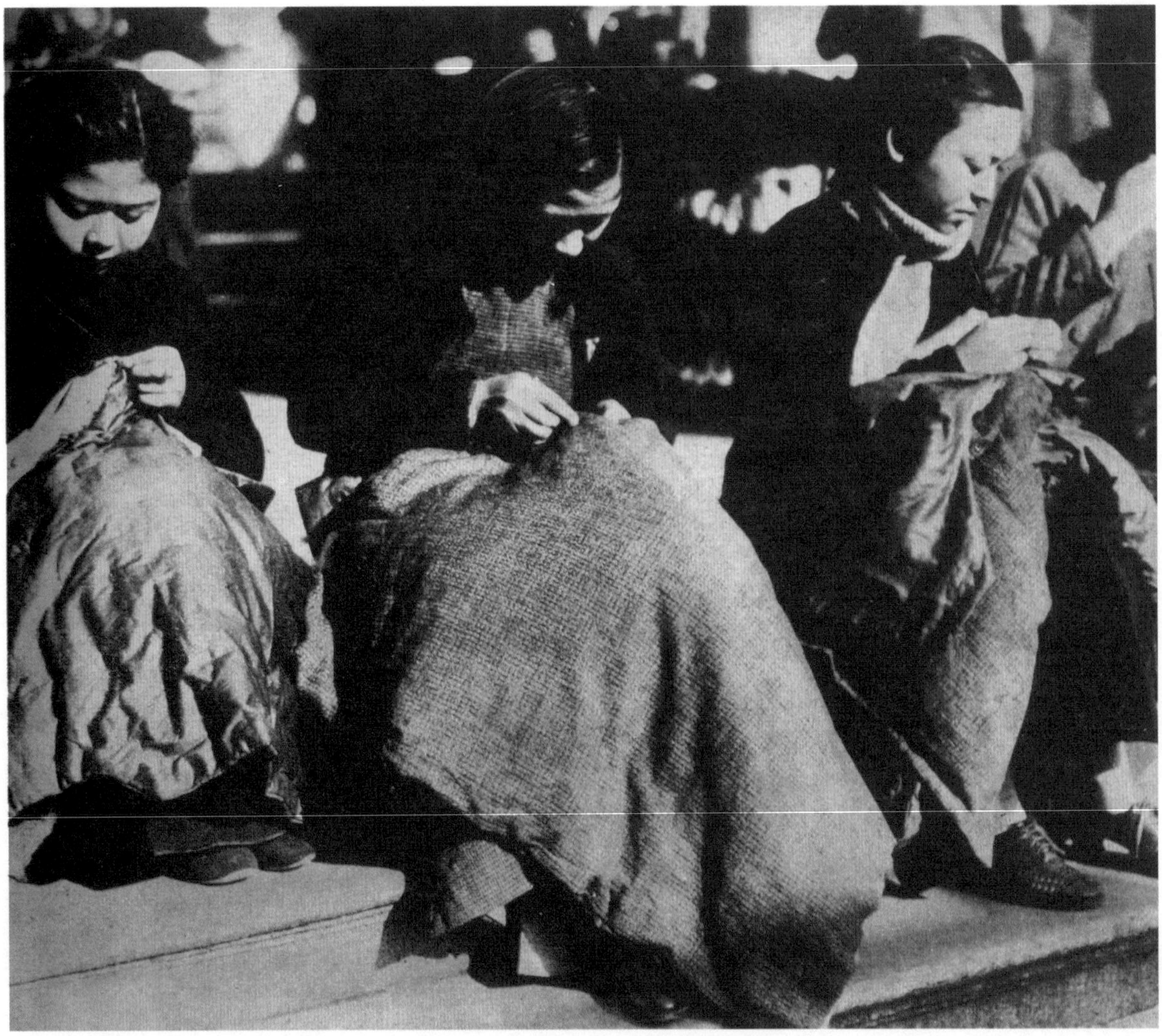

民众一致慰劳为前方将士后援 上海女学生为前方将士制寒衣（民国 26 年（1937 年）《儿童年鉴》）

南京各界慰劳服务中女学生赶制棉衣（民国26年（1937年）《儿童年鉴》）

南京女童军在夫子庙向民众宣传演讲情形（民国26年（1937年）《儿童年鉴》）

慰劳团途中经武川县时情形（民国 26 年（1937 年）《儿童年鉴》）

慰劳团将抵前线中途中（民国 26 年（1937 年）《儿童年鉴》）

骆驼队向前方运送军需品（民国26年（1937年）《儿童年鉴》）

南京妇女慰问团代表，由绥远赴百灵庙时留影（民国 26 年（1937 年）《申报》图画特刊 242 期）

山西妇女看护队来绥远战地服务（民国26年（1937年）1月28日《申报》图画特刊238期）

英勇戰士！

←女兒手中線，戰士身上衣。

↓小學生縫背心帶。

學女生挨戶募捐，援助沙場喋血的戰士。

←上海各女校捐款縫製絲棉背心，贈綏遠剿匪將士。

援助抗敵的

←南京某女校爲綏遠將士趕製寒衣。

←千針縫，萬針縫，獻給綏遠將士穿了去衝鋒！（圖爲北平清華大學學生課餘爲前線抗敵將士趕製棉衣情形。）

←上海治中女校學生趕製絲棉背心。

——趙定明・吳寶基・梁邦彥合攝——

援助抗敌的英雄战士（民国25年（1936年）12月16日《东方杂志》第33卷第24期）

↑立委梁寒操揮字援綏

上海婦女兒童前綫慰勞團，赴綏追平，上為參加該團之明星陳波兒，左為該團全體 宋致泉攝

↑慰勞團之悲壯歌唱 宋致泉攝

↑慰勞團在平中山公園來今雨軒，招待新聞界，陳波兒致詞時情形，下角為該團團員沈樹吾報告時情形。李堯生攝

赴綏途中致泉攝

慰劳团之悲壮歌唱（右上图为上海妇女儿童前线慰劳团 明星陈波儿）

敬挽阵亡将士 民族之歌 北平作家协会和上海歌曲作者协会向绥远阵亡将士追悼会同献的挽曲（民国26年（1937年）4月3日《汗血周刊》第8卷第14期）

汗血週刊

第七卷 第廿四期 民國廿五年十二月十三日出版

敬獻於

傅作義將軍暨全體衛保將士

國家干城

民國二十五年十二月

培成女子學校捐製絲棉背心二千件並繡製旗旗一面贈給綏遠抗戰英雄

培成女子学校捐制丝棉背心二千件并绣制旌旗一面赠给绥远抗战英雄（民国25年（1936年）12月13日《汗血周刊》第7卷第24期）

汗血週刊

第八卷　第十三期　民國廿六年三月二十七日出版

江西全省新聞記者援綏遊藝會籌備會開會情形

起立致詞者為省黨部特派員劉百川氏

江西全省新闻记者援绥游艺会筹备会开会情形（民国 26 年（1937 年）3 月 27 日《汗血周刊》第 8 卷第 13 期）

援綏特刊

二十五年十一月三十日

援助綏遠抗日戰士

有錢出錢
有力出力

省立廣雅中學學生自治會學術部編印

第一眼看到《援绥特刊》，便被封面所吸引，精美的木刻，鼓舞人心的标语“有钱出钱，有力出力”——援助绥远抗日战士！这是1936年11月30日广东省立广雅中学援绥抗日的场景，这是广大学生爱国之壮举！正如刊物献辞中所写：“只有抗战，才能争取中华民族的生存与自由！只有抗战，才是我们半殖民地奴隶们的出路！……尽我们的力量踊跃捐款援助绥东英勇抗战的将士们！”后记中说：短短的五天里，广雅中学同学们积极捐款捐物，全力援助绥远抗日将士，并出版了这本饱含爱国精神的刊物。

《援绥特刊》

省立广雅中学学生自治会学术部编印，1936年11月30日出版，这是一部中学生为绥远抗战捐钱捐物、为绥远抗日将士呐喊的刊物。正如编余小记中说：“绥远抗战关系中华全民族的生死存亡、也即是在关系我们四万万五千万人民今后的命运决定。”

广东省立广雅中学前身为广雅书院，创立于1888年，是清末两广总督张之洞所倡办。辛亥革命后，改为广东高等学校。1912年10月21日，废高等学校制，改为广东省立第一中学。1935年8月，改校名为省立广雅中学。

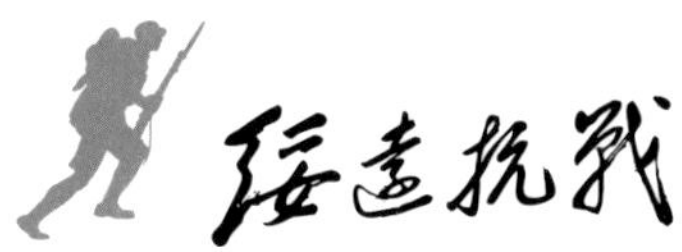

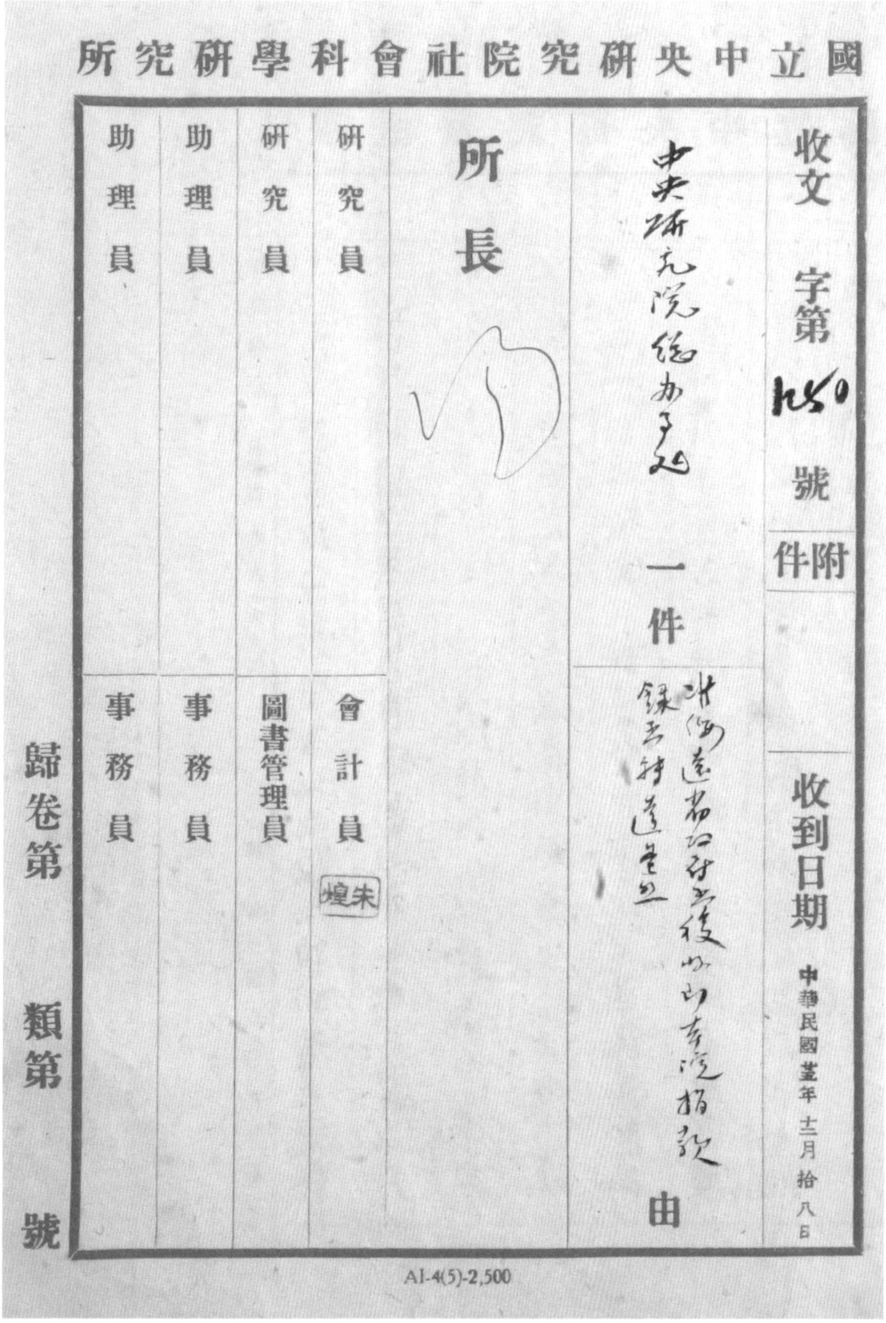

國立中央研究院社會科學研究所

收文 字第 1450 號

中央研究院總办事处 一件

附件

准綏遠省政府箋復收到本院捐款 錄令轉達查照 由

收到日期 中華民國廿五年十二月拾八日

所長

研究員 研究員 助理員 助理員

會計員 朱煌

圖書管理員 事務員 事務員

歸卷第 類第 號

AI-4(5)-2,500

百灵庙战役胜利后，国立中央研究院社会科学研究所为抗战将士捐赠2400余元，此为捐款原电文（共3页）

此件为国立中央研究院社会科学所为绥远抗战捐款公文，时间为中华民国25年（1936年）12月18日，内容如下：

“顷准绥远省政府笺开：

此次绥东告警，举国关怀，连日迭接各方函电，或为物资之输将，或作精神之援助……顾念捍边御侮，分所当然……兹承贵院捐洋二千四百十元零六角九分，悉出爱国热忱，用以鼓励士气，谨当拜领，谊不容辞，惟有奉扬仁风，切加激策，庶期三军振奋，效命疆场……亦即仰答爱国同仁所厚赐也……”

这件仅有三页纸然而沉甸甸的文物，饱含着全国人民同仇敌忾，支持绥远抗战的决心！

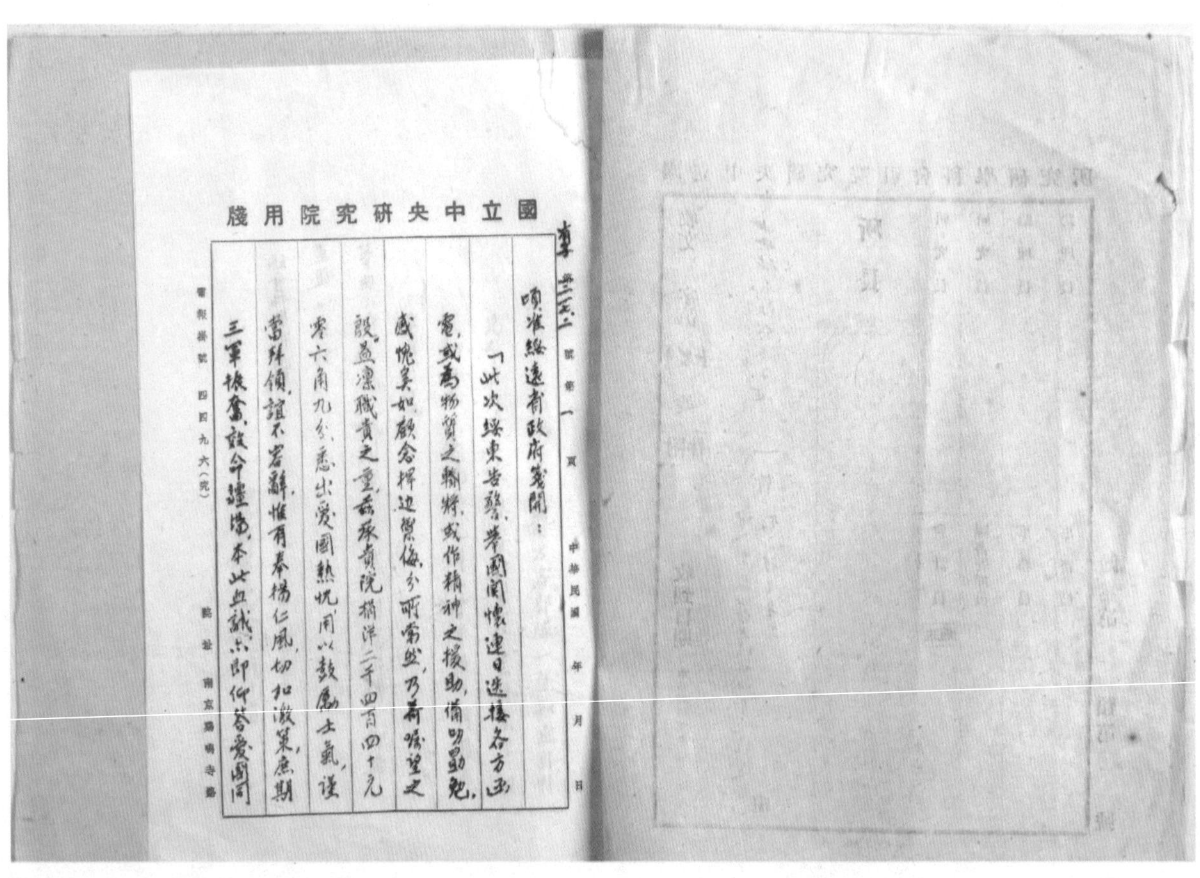

國立中央研究院用牋

字第 三六二 號　第 一 頁　中華民國　年　月　日

頃准綏遠省政府箋開：
「此次綏東告警，舉國關懷，連日迭接各方函
電，或為物質之輸將，或作精神之援助，備叨勗勉，
感愧莫如，顧念捍邊禦侮，分所當然，乃荷矚望之
殷，益凜職責之重」，茲承貴院捐洋二千四百四十元
零六角九分，惠出愛國熱忱，用以鼓勵士氣，謹
當拜領，誼不容辭，惟有奉揚仁風，切加激策，庶期
三軍振奮，效命疆場，本此血誠，亦即仰答愛國

電報掛號　四四九六（究）　院址　南京雞鳴寺路

国立中央研究院社会科学研究所电文（第二张）

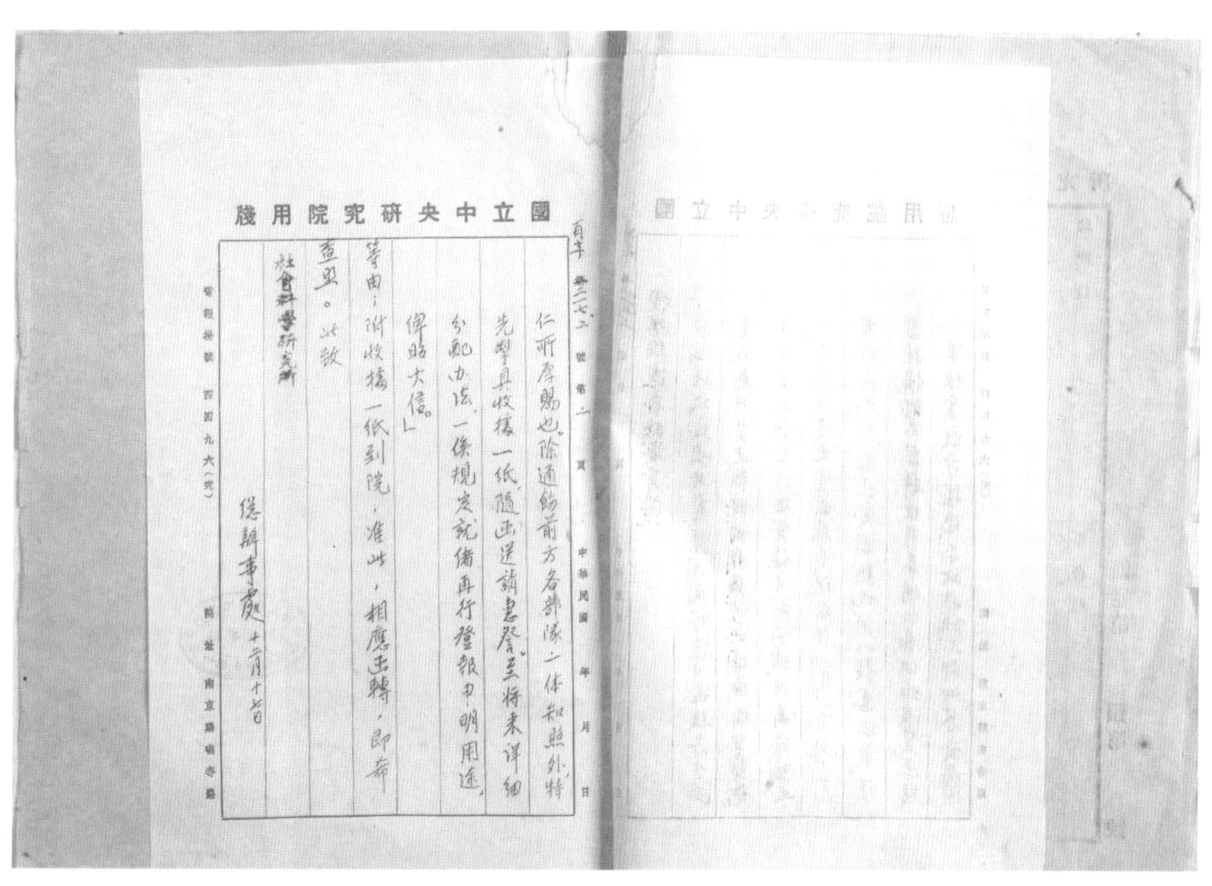

國立中央研究院用牋

仁所厚賜也。除通飭前方各部隊一体知照外，特先掣具收據一紙，隨函送請惠詧。至將來詳細分配辦法，一俟規定，就備再行登報申明用途，俾昭大信。」等由；附收據一紙到院，准此，相應函轉，即希查照。此致

社會科學研究所

總辦事處 十二月十七日

電報掛號 四四九六(究)　院址 南京雞鳴寺路

國立中央研究院社会科学研究所电文（第三张）

CAOZHIGAOSUIMENGLISHIZILIAOSHOUCANGXI